U0686091

普惠金融
[前沿课]

普惠金融研究课题组 ◎主编

人民日报出版社

北京

图书在版编目（CIP）数据

普惠金融前沿课 / 普惠金融研究课题组主编．
北京：人民日报出版社，2024. 9. —— ISBN 978-7-5115-
8411-3

Ⅰ. F832

中国国家版本馆 CIP 数据核字第 202448FE82 号

书　　名：**普惠金融前沿课**
　　　　　PUHUI JINRONG QIANYAN KE
主　　编：普惠金融研究课题组

出 版 人：刘华新
责任编辑：蒋菊平　李　安
封面设计：金　刚
版式设计：九章文化

出版发行：人民日报出版社
社　　址：北京金台西路 2 号
邮政编码：100733
发行热线：（010）65369509　65369527　65369846　65363528
邮购热线：（010）65369530　65363527
编辑热线：（010）65369528
网　　址：www.peopledailypress.com
经　　销：新华书店
印　　刷：大厂回族自治县彩虹印刷有限公司
法律顾问：北京科宇律师事务所　（010）83622312

开　　本：710mm×1000mm　1/16
字　　数：163 千字
印　　张：12.75
版　　次：2024 年 10 月第 1 版　　2024 年 10 月第 1 次印刷

书　　号：ISBN 978-7-5115-8411-3
定　　价：39.00 元

如有印装质量问题，请与本社调换，电话（010）65369463

《普惠金融前沿课》编写委员会

学术支持

北京国家金融科技认证中心

金融科技 50 人论坛

课题组负责人

潘润红　中国金融电子化集团党委委员、副总经理，
　　　　北京国家金融科技认证中心执行董事

杨　涛　国家金融与发展实验室副主任

编写委员（以章节先后为序）

李　健　中国银行业协会研究部主任

王丽娟　中国银行业协会研究部副主任

黄奕桦　中国银行业协会研究部副调研员

宗　良　中国银行研究院首席研究员

刘津含　中国银行研究院研究员

耿　黎　中国邮政储蓄银行总行普惠金融事业部总经理

王晓雯　中国邮政储蓄银行总行普惠金融事业部综合管理处副处长

莫婉琦　中国邮政储蓄银行总行普惠金融事业部普惠金融管理处员工

李小庆　中国农业发展银行总行信息科技部副总经理兼数据管理部总经理

吴建福　浙江泰隆商业银行总行普惠金融部总经理

刘　义　蚂蚁消金首席信息官

董希淼　招联首席研究员、复旦大学金融研究院兼职研究员

郭金龙　中国社会科学院金融研究所研究员、中国社会科学院保险与经济
　　　　发展研究中心主任

章苨今　中国人民银行清算总中心助理研究员

陆碧波　蚂蚁集团标准化总监

肖　然　思特沃克管理咨询总经理

金　波　朴道征信有限公司副总经理、朴道征信研究院副院长

梁　平　朴道征信有限公司战略发展部总经理

孙　晓　朴道征信有限公司战略发展部经理

张海燕　北京国家金融科技认证中心总经理

段力畑　北京国家金融科技认证中心创新产品部负责人

付小康　北京国家金融科技认证中心认证三部负责人

课题组秘书处

闵文文　金融科技50人论坛执行秘书长

孔　夏　金融科技50人论坛学术编辑

宋泽英　金融科技50人论坛学术编辑

齐孟华　北京立言金融与发展研究院秘书长

崔红蕊　北京立言金融与发展研究院对外合作与培训部主任

赵梁皓　北京立言金融与发展研究院综合管理部副主任

金融是国民经济的"血脉"，普惠金融则是体现金融"政治性、人民性"的重要落脚点。经过多年的大力发展，我国普惠金融改革已取得长足进步，以普惠金融产品和服务为载体，构建了多层次、广覆盖、差异化的中国特色普惠金融服务体系，在解决金融服务的包容性这一世界性难题上贡献了"中国式答卷"。与其他国家相比，我国通过制度规则引导与政策有效支持，再加上生态建设与数字化力量的加持，在某种程度上既实现了金融服务广泛覆盖，也同时降低了服务成本，基本做到了既"普"又"惠"，诸多创新领域走在世界前列。

建设金融强国的根本目的是服务中国式现代化，中国式现代化必然要有与之相适应的高质量普惠金融体系。随着发展阶段的不同和经济形势的变化，我国普惠金融发展也进入了纵深区。2023年10月发布的《国务院关于推进普惠金融高质量发展的实施意见》中所指，"新形势下，普惠金融发展仍面临诸多问题和挑战，与全面建设社会主义现代化国家的目标要求还存在较大差距。"2023年10月召开的中央金融工作会议，将"普惠金融"作为五篇大文章之一。

2024年3月，"五篇大文章"首次写入政府工作报告，普惠金融也成为热点话题之一。同月，国家金融监督管理总局办公厅发布了《关于做好

2024年普惠信贷工作的通知》，对金融机构如何提供高质量普惠金融服务提出了具体要求。2024年5月，国家金融监督管理总局发布《关于银行业保险业做好金融"五篇大文章"的指导意见》提出，未来5年，基本建成高质量普惠金融体系，助力共同富裕迈上新台阶；普惠金融服务体系持续优化；普惠信贷体系巩固完善；普惠保险体系逐步健全。2024年7月，党的二十届三中全会提出，必须完善宏观调控制度体系，统筹推进财税、金融等重点领域改革。

在此背景下，为帮助广大党员干部深入认识在新形势下如何做好"普惠金融"大文章，人民日报出版社组织编写《普惠金融前沿课》一书，通过集聚各方专家学者及行业代表的理论与实践思考，从不同视角探究和解读普惠金融，并结合典型金融机构与企业的应用实践，从而在充分探讨普惠金融改革如何"提质增效"中，更好地助力我国经济社会高质量发展。

本书首先从理论与政策上对普惠金融进行探讨，进而明确普惠金融的基本范畴与思考逻辑，使读者对普惠金融有更加系统的理解和认识。其次，结合具体实践，阐述普惠金融的应用路径，体现破解世界性难题的中国探索。最后从技术与保障上探讨，在新质生产力培育和成长中，普惠金融理应担当、大有可为。

在第一部分"理论与政策：做好普惠金融大文章　走中国特色金融发展之路"，国家金融与发展实验室副主任杨涛、中国银行业协会研究部主任李健、中国银行研究院首席研究员宗良等分别撰文，探讨新形势下的普惠金融理论与实践，中国普惠金融发展成效、主要问题和未来发展重点，以及数字普惠金融的发展前景与中国策略。

在第二部分"实践与前沿：破解世界性难题的中国探索"，中国邮政储蓄银行总行普惠金融事业部总经理耿黎、中国农业发展银行总行信息科技部副总经理兼数据管理部总经理李小庆，浙江泰隆商业银行总行普惠金融部总经理吴建福，蚂蚁消金首席信息官刘义，招联首席研究员、复旦大学金融研究院兼职研究员董希淼，中国社会科学院金融研究所研究员、中国社会科学院保险与经济发展研究中心主任郭金龙等，分别结合行业实践，从国有大型银行、政策性银行、区域性银行、地方金融组织、消费金融机构、保险业等方面，提供破解世界性难题的中国方案。

在第三部分"技术与保障：护航新质生产力发展"，蚂蚁集团标准化总监陆碧波，朴道征信有限公司副总经理、朴道征信研究院副院长金波，北京国家金融科技认证中心总经理张海燕等指出，普惠金融正从"增量扩面实现广覆盖"的1.0时代走向"数智推动高质量发展"的2.0时代；人工智能、大数据、区块链等技术持续推进征信业务转型，征信科技有助于推动构建中国特色普惠金融生态；质量认证是国家质量基础设施的重要组成部分，也是金融业高质量发展的重要保障，正逐步成为弥合数字鸿沟、促进数字普惠金融健康发展的重要推手。

在全面推进中华民族伟大复兴的道路上，做好普惠金融大文章、促进金融高质量发展是走中国特色金融发展之路的内在要求，也是推进中国式现代化的重要抓手。目前，我国普惠金融发展势头良好，数字化赋能进程全球领先，正在形成以银行间接融资服务为主体、资本市场直接融资服务为补充，多元化的风险管理产品为保障，互联网与新技术企业为支撑的多元化普惠金融体系。因此，本书综合考虑实际情况，内容既包括理论与政策上的探讨，又有探索实践，通过找出普惠金融发展过程中的"痛点"，立足发展前沿，结合数字普惠金融发展态势，指出普惠金融的未来发展方向，这也是本书的创新之处。

本书由北京国家金融科技认证中心与金融科技50人论坛共同发起，中国金融电子化集团党委委员、副总经理兼北京国家金融科技认证中心执行董事潘润红，以及国家金融与发展实验室副主任杨涛担任课题组负责人。在出版过程中，人民日报出版社编辑蒋菊平和李安做了大量细致入微的工作，在此表示衷心的感谢。相信本书能够给政府部门与监管者、研究者、金融从业者以及对普惠金融感兴趣的读者，带来思想与实践的价值体验，也期待本书能够为新形势下促进普惠金融高质量发展，助力中国式现代化提供有益的借鉴与参考。

目录

I

第三部分

技术与保障：护航新质生产力发展

第一部分

理论与政策：做好普惠金融大文章
走中国特色金融发展之路

新形势下的普惠金融理论与实践探讨

杨　涛

我国普惠金融发展已经取得较好成绩，体现在近年来普惠金融服务重心更加下沉，产品创新更加活跃，供需对接更加有效，金融基础设施更加健全，数字普惠金融不断创新，国际交流合作不断深入。但我国普惠金融探索发展仍存在问题与挑战，需持续优化普惠金融"有效供给"，培育"有效需求"，夯实政策与环境要素保障。同时，应以数字普惠金融作为改革"抓手"，促使普惠金融改革"提质增效"，更好地助力我国经济社会高质量发展。

近年来，我国经济社会发展面临前所未有的机遇与挑战，既有需求收缩、供给冲击、预期转弱等多重内部压力，也有百年变局加速演进、国际环境更趋复杂严峻等外部冲击。对此，金融作为国家重要的核心竞争力，需要在新发展格局中发挥引领性作用；金融制度作为经济社会发展中重要的基础性制度，也需要不断弥补自身"短板"，努力服务于经济社会结构优

杨涛，国家金融与发展实验室副主任。

化与效率提升。其中，已经上升到国家金融战略的普惠金融，不仅是金融供给侧结构性改革与金融"向善"的核心内容，也是改善实体经济特定部门的金融资源配置不足，实现经济、金融、社会良性、可持续发展的抓手之一。尤其是伴随着新技术变化与经济金融数字化程度快速提升，数字普惠金融创新提出了一系列全新命题，需要将其作为一项系统性改革工程重新加以梳理。

一、研究背景：从小额信贷到金融"向善"

（一）概念界定

首先，众所周知，普惠金融概念源于英文"inclusive financial system"，是联合国在宣传2005小额信贷年时运用的词汇，基本含义是：能有效、全方位地为社会所有阶层和群体提供金融服务。此后，对于普惠金融的把握一直分为广义和狭义，前者在强调金融服务的整体完备性同时，侧重对特定群体的支持；后者则直接定位于为弱势群体提供金融支持。

到我国在2015年底发布《推进普惠金融发展规划（2016—2020年）》，则指出"普惠金融是指立足机会平等要求和商业可持续原则，以可负担的成本为有金融服务需求的社会各阶层和群体提供适当、有效的金融服务。小微企业、农民、城镇低收入人群、贫困人群和残疾人、老年人等特殊群体是当前我国普惠金融重点服务对象。"

其次，数字化与新技术对全球金融业态的影响不断深入，从互联网金融到金融科技、数字金融，全面改变了金融的要素与功能。在此背景下，2016年我国央行推动各国协同发布《G20数字普惠金融高级原则》，又提出"数字普惠金融"，并界定为"泛指一切通过使用数字金融服务以促进普惠金融的行动"，其具体内容涵盖各类金融产品和服务（支付、转账、储蓄、信贷、保险、证券、财务规划和银行对账单服务等），通过数字化或电子化技术进行交易，如电子货币（通过线上或者移动电话发起）、支付卡和常规银行账户。

最后，普惠金融的理念与其他相关金融发展概念也有一定交叉。例如，2017年央行官员提出"负责任的金融"（Responsible Finance），也是在当时互联网金融整治背景下，强调普惠金融必须依法合规开展业务，要警惕打着"普惠金融"旗号的违规和欺诈行为。同时，普惠金融与绿色金融、可持续发展等概念也在许多方面存在内涵共识，例如，在2022年首次G20财长与央行行长会议上，突出强调了可持续金融对实现绿色、韧性、包容的全球经济复苏至关重要，指出各方将推进《G20可持续金融路线图》，发展转型金融以支持有序绿色转型，同时扩大可持续金融市场，便利发展中国家和中小企业获得绿色融资、降低绿色融资成本。

总的来看，当前普惠金融发展已经与数字化背景密不可分，我们认为其内涵包括几方面的要点：一是通过数字化来全面提升金融效率、优化金融功能、保障金融安全，从而使得整个金融服务质量获得"水涨船高"的发展，各类群体都能从中受益；二是以大数据、人工智能、区块链等新技术，来实现金融服务的"精准治理"，针对中小微企业和特定个人提供更有"温度"的金融产品；三是运用数字化和新技术不断优化普惠金融的基础设施与"土壤"，明确金融科技伦理原则，完善普惠金融文化与金融消费者素质。

（二）政策支撑

2013年11月12日发布的《中共中央关于全面深化改革若干重大问题的决定》正式提出"发展普惠金融"，之后，我国普惠金融相关政策与制度不断完善，逐渐迎来全新发展阶段。实际上，党的十八大以来，习近平总书记高度重视普惠金融工作，强调要强化对市场主体的金融支持，发展普惠金融，有效缓解企业特别是中小微企业融资难融资贵问题。早在2015年，习近平总书记在中央全面深化改革领导小组第十八次会议上就强调，发展普惠金融，目的就是要提升金融服务的覆盖率、可得性、满意度，满足人民群众日益增长的金融需求，特别是要让农民、小微企业、城镇低收入人群、贫困人群和残疾人、老年人等及时获取价格合理、便捷安全的金融服务。此后，习近平总书记在党的十九大报告和第五次全国金融工作会议上都强调要建设普惠金融体系，加强对小微企业、"三农"和偏远地区的金融服务。

近年来随着国家普惠金融发展规划的推进，相关政策"红利"进一步凸显。如在2021年中央一号文件中，首次提出发展农村数字普惠金融。2022年政府工作报告指出"引导资金更多流向重点领域和薄弱环节，扩大普惠金融覆盖面"，2022年2月，中央全面深化改革委员会第二十四次会议审议通过《推进普惠金融高质量发展的实施意见》，为我国新阶段普惠金融发展进一步明确方向和目标。2023年10月，为构建高水平普惠金融体系，进一步推进普惠金融高质量发展，《国务院关于推进普惠金融高质量发展的实施意见》正式印发。

二、从传统到数字：普惠金融发展现状

（一）普惠金融发展总体状况

根据央行近年来发布的中国普惠金融指标分析报告，可以看到我国普惠金融服务重心更加下沉，产品创新更加活跃，供需对接更加有效，金融

基础设施更加健全，数字普惠金融不断创新，国际交流合作不断深入。

客观来看，在"百花齐放"的普惠金融供给体系中，银行业仍然发挥了核心作用。据相关资料，当前各银行业金融机构积极践行普惠金融政策，提升队伍专业能力，拓展科技和数据应用，创新普惠金融发展路径，推进普惠产品创新，丰富普惠金融服务体系。据人民银行统计，2023年末普惠小微贷款余额29.4万亿元，余额同比增长23.5%，增速比上年末低0.3个百分点，全年增加5.61万亿元，同比多增1.03万亿元。农户生产经营贷款余额9.24万亿元，余额同比增长18%。创业担保贷款余额2817亿元，余额同比增长5.2%。助学贷款余额2184亿元，余额同比增长22.4%。全国脱贫人口贷款余额1.16万亿元，同比增长12%，全年累计发放9586亿元。

事实上，根据人民银行研究局课题组在2020年6月发布的《小微企业融资的国际比较与中国经验》，可以看到我国小微金融服务虽然仍存在不足，但在许多可比指标方面并不落后于发达经济体。由此需要厘清的是，进一步完善小微企业融资体系的重点，似乎不能只考虑规模性因素，更应该关注结构性、质量性因素，这也是发展金融科技与数字金融应当着力的重点。

（二）数字普惠金融发展状况

需要看到的是，我国数字普惠金融发展走在国际前列。根据IMF的金融可得性调查（FAS）2020年数据，我国在物理渠道可得性（包括网点、ATM机具等）方面总体居于中上水平；每千成年人拥有的存款账户数、贷款账户数、借记卡数量，每千成年人网上和移动交易笔数、网上和移动交易金额占GDP的比重等均居于前列。

就数字普惠金融的发展阶段来看，首先是初始阶段，以传统金融业务的互联网化为典型代表，也就是在银行"存贷汇"、证券相关业务、保险等领域，一方面不断提升"线上化"，另一方面普惠型业务同步提升，二者既有交叉融合、又有各自发展轨迹。其次是探索阶段，尤其是互联网金融、平台企业、技术企业的快速发展与迭代，给金融业带来更加复杂的冲击和影响，而种种依托互联网、数字化的"类金融创新"，既通过"鲶鱼效应"带来普惠金融效率的快速提升，也伴随了新型风险的积累。最后则是加快数字化转型阶段，尤其是进入2022年，人民银行《金融科技发展规划（2022—2025年）》、原银保监会《关于银行业保险业数字化转型的指导意见》等重要文件先后出台，进一步厘清了金融科技创新与金融数字化转型的原则与重点，促使技术驱动金融服务进入全新阶段，数字普惠金融也呈现数据、技术、场景、业务、功能的深度融合，而小微金融、农村金融、供应链金融、绿色金融则成为数字普惠金融最为重要的落地场景。

三、普惠金融发展存在的问题与挑战

（一）基于普惠金融供给侧的分析

对于包括中小微企业在内的普惠金融服务对象，从供给侧来看，我们认为有几方面"阻滞"。一是金融服务主体的多样化、可持续性存在挑战。例如，近年来大中型金融机构不断加大对小微企业的支持力度，既带来积极效果，也对中小金融机构的服务定价产生一定负面影响。中长期来看，小微金融仍然要依赖中小金融机构体系的支持，尤其是真正的基层合作性金融机构。对此，在当前推动金融化数字化转型的大趋势下，更需关注如何支持中小金融机构能够利用数字化、新技术来降低成本、提高效率，更好地为小微企业服务。

二是股权类、中长期金融支持有待强化。虽然多数普惠小微企业面临的主要是流动性资金约束，但对于高成长性、技术型小微企业来说，则更需要中长期资金的有效支持。由于种种因素制约，现有针对小微企业偏中长期的直接融资服务仍显不足，同样偏中长期的政策性资金支持力度也有待改善。对此，数字金融与中长期金融工具的有效结合，应该能够更加高效地进行小微企业全生命周期的金融服务，有效把握风险定价和金融资源适配性。

三是对个体工商户的支持仍显不足。个体工商户在繁荣经济、稳定就业、促进创新、方便群众生活等方面发挥着独特的重要作用，其面临的主要挑战包括预期不稳、发展信心不足、用工难、成本压力大、资金链紧张等。虽然面向个体工商户的金融服务近年来不断得到完善，但与具有一定规模的中小微企业相比，仍然存在差距，这也是因为个体工商户更难以达到传统金融服务模式的"门槛"。对此，如何运用数字化的服务模式、灵活多样的产品设计、小额智能的服务对接等，有效满足个体工商户的金融需求，更是题中应有之义。

四是缺乏有效的信息互通与资源供给优化。与传统银行的"垒大户"相比，在小微企业金融服务中也有"堆小户"现象，针对相对优质的企业往往出现"一哄而上"，提供超出合理需求的金融资源，而真正需要得到金融支持、融资条件相对弱的企业，仍然面临金融需求"缺口"。再如，由于金融机构之间缺乏有效的信息互通机制，也难以在企业之间、区域之间、城乡之间更好地进行小微金融资源的优化布局，呈现诸多不平衡不充分矛盾。对此，需要进一步推动体制机制改革，辅之以开放型的金融生态建设与对接，并推动各类数字金融底层平台的搭建，才有可能缓解这些方面的问题。

（二）基于普惠金融需求侧的分析

从需求侧来说，则需要关注小微企业金融服务的多个"堵点"。一是小微企业生命周期短、持续发展能力弱。据统计，2017年以来小微企业利润增长能力逐渐弱化，企业活跃度持续下滑，注册注销比逐渐下降。据相关统计数据，2023年全国范围内公司注销数量突破历史纪录，达到历年来的最高峰。其中以小型企业为主，中型企业在一定程度上也受到了波及。对此，显然不是简单提供融资就能解决的。我们看到，数字金融的深层价值在于搭建商业可持续的场景金融，如何利用创新型的金融工具，来间接帮助小微企业拓展生命周期也是重中之重。

二是管理能力弱、金融"有效需求"不足。小微企业由于缺乏人才与专业团队，往往难以进行有效的内部控制与管理，也无法清晰地认识和选择金融服务，更多处于被动状况。对此，仅靠来自于金融机构的主动性显然是不够的，需要推动开放银行、开放证券、开放保险的建设，积极把小微企业纳入到智能化金融服务平台体系中，变被动为主动，更好地提升小微企业的专业能力，从而与金融机构共同创造价值。

三是经营能力弱，数字化程度相对低。小微企业多数是批发零售业、餐饮、娱乐等行业，许多也属于劳动密集型企业，尚未充分拥抱数字化的力量，更易受到经济波动、政策变动等短期因素的冲击。由此，数字金融完全能够发挥更多的"引领效应"，加快推动小微企业数字化能力的提升，改善运营水平。这样一方面可通过加强数字化管理和搭建数字化平台，提升企业运管效率，化危为机；另一方面，通过数字化转型来促进中小微企业形成产业集群协同，更好地达到产融良性互动。

（三）数字普惠金融探索面临的挑战

一则，数字普惠金融在推动金融服务整体赋能方面卓有成效，但对于普惠的精准性支持则有所不足，尤其是针对特定弱势主体的金融服务成本高、效率低难题，仍需进一步优化支持模式与手段。二则，需要同步关注减少"负外部性"，避免在创新同时反而增大区域、城乡金融发展差距，或者防止特定群体受到排斥，而导致其享受的金融服务差异在数字化时代不降反增。三则，需实现服务的安全、持续发展，既需要全面提升数字化风险管控能力，努力控制风险与运营成本，降低综合服务成本，又要打造高效的业务模式，利用数字化工具真正把普惠金融服务嵌入各类服务场景。四则，面对日益复杂的数字普惠金融创新，也面临更加突出的金融消费者保护难题，也缺乏与时俱进的消费者教育。五则，在数字普惠金融基础设施与生态方面，还有诸多不完善之处，包括打破数据"孤岛"与发挥数据要素价值的矛盾、征信与信用体系的不足、监管与制度的不协调等。

四、发展普惠金融需完善政策目标与生态保障

（一）理顺发展普惠金融的政策目标

发展普惠金融的核心目的是更好地支持小微企业，对此则需要进一步明确发展小微企业本身的政策目标优先次序。

首先，当前我国的就业压力变得更加突出，因此愈加转向了就业优先的政策选择。众所周知，小微企业是解决就业的核心载体，因此当讨论小微金融服务的时候，并非只是简单地给小微企业提供融资支持，而是最终更好地支持其吸收就业。对此，普惠金融的着眼点就不应只是围绕整个融资过程，而是进一步嵌入小微企业的运营场景之中，支持就业生态稳定性的优化。

其次，产业链供应链的稳定性是制约经济发展的重要因素，而小微企业也是其中的重要一环，因为其存在内在脆弱性，更容易受到短期因素的冲击。因此，发展普惠金融不仅需考虑小微企业个体，更应该从整个产业

链的角度考虑问题。尤其面对新变局、新挑战，需着力提升产业链供应链安全稳定水平，形成自主可控、稳定畅通、安全可靠的产业链供应链，这些都离不开小微企业的稳定性支撑。实际上，当数字金融与供应链金融相结合，不仅可以保障物流畅通和促进产业链供应链稳定，更能够在中长期内不断优化小微企业发展基础。

此外，提高全要素生产率是新质生产力的动力源泉，这很大程度上依赖于技术进步带来效率增进。对此我们看到，小微企业是科技创新中较为活跃和最具经济发展潜力的群体，但也存在产业层次偏低、聚集效应不显著、内在创新能力不足等矛盾。同时，由于创新类小微企业通常面临收益回报周期长、研发投入大等问题，相应的中长期融资压力较大，因此数字金融创新的着力点，则不仅是优化短期资金匹配，也应考虑如何充分利用大数据、人工智能，探索低成本、高效率的优化中长期资金配置，更好地支持小微企业的技术创新生命周期。

（二）优化发展普惠金融的环境与"土壤"

推动普惠金融服务体系优化，不仅需要考虑供求因素，而且需关注各类环境生态要素的保障，主要有几方面内容。

一是信用体系的完善。小微金融服务最大的外部制约就是内部信用不足与外部信用增级渠道缺乏，而数字金融对此大有可为。如传统征信数据指的是在金融活动中产生的业务数据，包括借贷、支付、金融交易；替代数据则是可以用来补充传统金融数据的信息，如个人在社交媒体、电商网站上的相关交易记录，企业工商税务信息、进出口的海关信息、法院执行信息等。在大数据时代，新技术手段能够在合规前提下，更好地推动替代数据的应用，进而为小微企业信用评价带来新模式。

二是综合风险管理的改善。小微企业面临的内部、外部风险更加复杂，而小微金融业务的风险也相对更高，这从根本上制约着普惠金融的健康发展。事实上，通过在风险管理与控制中引入金融科技与数字化，可以更有效地改善风控，优化小微企业外部环境，构建激励相容的风险分担机制。与传统风控相比，智能化风险管理在风控模型与设定、数据来源与维度、技术应用等方面带来了全新视角。

五、以数字普惠金融作为改革"抓手"

（一）总体思路

发展数字普惠金融，需有效协调不同层面的战略目标，从需求与痛点出发，厘清改革重点与思路。

首先，数字普惠金融应强调通过数字化与新技术，更好地发挥金融体系的资源配置功能，使得"合适的金融产品与服务，匹配给合适的客户"，从而实现金融资源的最优运用。就此意义上看，一国现代金融体系的核心要素，包括金融机构与组织、金融产品与服务、金融市场、金融基础设施等，都需要在金融供给侧结构性改革视角下，寻找"短板"与不足，在推动数字化转型过程中，可以更准确地定位服务需求、全面提升自身服务质量。就此看，在消费金融、财富管理、小微企业融资、支付清算等诸多领域，都存在广义的数字普惠金融创新空间。

其次，数字普惠金融应该集中部分金融资源，通过实现精准触达、高效组织、大数据征信保障、智能风控等，以低成本、高效率的原则提供给特定的弱势个人和企业，使其获得应有、合理、适度的金融支持，更好地改善自身境遇和得到发展机会。就此来看，突出的则是原有狭义普惠金融的全面数字化转型，促使参与主体不断提升自身的数据能力、科技能力，从而有效提升数字普惠金融产品创新与服务能力；使得普惠金融的生态基础与政策环境，也更适应数字化时代要求，把握好效率与安全的"跷跷板"。

最后，对于更加弱势的个人与企业仅靠偏商业性的普惠金融还难以有效支持，需要由政府直接或间接承担更多的风险与成本，但运用纯粹的财税或慈善手段，又难以实现"授之以渔"，此时的数字普惠金融则体现为政策性金融服务的全面数字化，以"保本微利"的模式加上数字化的"加持"，更好地实现金融政策目标。我们看到，为深化金融体制改革，实现政策性金融与商业性金融的分离，1994年，我国成立了国家开发银行、中国进出口银行和中国农业发展银行3家政策性银行，分别为"两基一支"、机电产品和成套设备出口、粮棉油收购等提供政策性金融支持。2012年，第四次全国金融工作会议明确提出了"政策性金融机构要坚持以政策性业务为主体，明确划分政策性业务和自营性业务，实行分账管理、分类核算"。迄今为止，在涉农、中小微企业、个人创新创业等领域，政策性金融与普惠金融的支持范畴高度吻合，而与商业性金融机构相比，其数字化转型步伐相对落后，更需要全面提升数字普惠金融服务能力。

（二）重点建议

第一，深入分析与定位数字普惠金融需求。为使得各类服务对象都能够适度地、以合理价格、低门槛、便捷地享受普惠金融支持，需要系统梳理其金融需求的特点，例如，通常包括资金需求（长期、短期）、产融结合类需求（融资租赁、供应链金融）、风险管理需求（保险、担保等）、信用增级需求、支付类需求、财务管理类需求、专业信息类需求等。再如，在融资领域，是解决资金可得性还是资金价格，以及是否重点在于纯信用融资难题？还有，在金融需求的背后，是否真正的痛点在金融之外，如税费、营商环境、运营管理、产业链等问题？所有这些，都需要进行"抽丝剥茧"

的甄别与思考。

第二，构建多层次的数字普惠金融供给体系。无论是对于政策性金融，还是政府补贴和引导的商业性金融，或者是新型的商业化模式，都离不开两方面的供给能力优化。一方面，数字普惠金融创新离不开数据能力与技术能力的提升。要加强数字普惠金融核心技术的应用攻关，实行"揭榜挂帅""赛马"机制，通过行业组织、孵化平台、专项合作等方式，加大关键软硬件技术金融应用的前瞻性与战略性研究攻关；同时，打破数据孤岛并明确数字保护原则，充分发挥数据要素在普惠金融创新中的核心价值，不断完善用于支撑普惠金融业务的数据采集、分析、应用、标准、规范与安全。另一方面，需重点考虑业务能力与投入能力。有了新技术，还需要在落地的数字普惠金融场景中找到可持续发展的路径，努力实现各方利益共赢；同时，还需充分考虑投入产出能力，在精细化的数字化管理中，把有限的普惠金融资源，用到更需要的主体身上，并且激发其内在经济活力，而不仅是获得资金支持。

第三，全面优化数字普惠金融的基础设施与生态。所谓金融基础设施，从狭义角度看，根据作为国际共识的《金融市场基础设施原则》（PFMI），被定义为参与机构（包括系统运行机构）之间，用于清算、结算或记录支付、证券、衍生品或其他金融交易的多边系统。从广义角度看，征信体系、法律法规、监管与合规（消费者保护、反洗钱）、会计、信息综合统计、金融文化等，都构成重要的基础设施要素。在数字化背景下，金融基础设施也需要"与时俱进"地提高效率、保障安全。

第四，积极完善数字普惠金融的治理机制。数字普惠金融探索也是国家治理体系现代化的重要组成部分。从体系层面看，要完善普惠金融政策制定和执行机制，健全普惠金融的制度规则与基层治理，加快完善风险分担补偿等机制，促进形成成本可负担、商业可持续的长效机制。从微观层面看，一方面，可持续的普惠需要构建共享共赢的激励相容政策，增加普惠金融服务主体的积极性、能动性与自主权，并且与绩效考核机制相结合；另一方面，还需要提升普惠金融的"负责任"，提升产品透明度，强化信息披露、产品登记、风险提示等，做到"卖者尽责""买者自负"，从而避免"好心办坏事"。此外，数字普惠金融发展时代的消费者保护需从供给与需求同时着力，一方面需探索基于数字金融的微观审慎框架，包括加强准入与持续监管有效性，促使金融主体行为更理性；另一方面则需适应充分运用数字化工具助力金融消费者教育，帮助用户不断提升金融素养。

中国普惠金融发展成效、主要问题和未来发展重点

李　健　王丽娟　黄奕桦

2023年底召开的中央金融工作会议提出要做好五篇大文章，普惠金融位列其中，充分说明其在服务实体经济方面所发挥的重要作用。普惠金融一头连着百姓生活的"小日子"、中小微企业经营的"小生意"，一头连着经济社会发展的"大格局"，服务的广度和深度不断拓展，成为人民性在金融工作中的生动体现。过去十多年来，普惠金融从政策引导到市场发展，从优化金融资源配置到发展数字普惠，都取得了积极成效，金融服务覆盖面不断扩大，金融服务可得性有效提升，金融服务成本不断降低。展望未来，普惠金融将在高质量发展之路上走深走实。

一、普惠金融内涵和政策脉络

（一）国家高度重视普惠金融的发展

党中央一直以来高度关注普惠金融高质量发展，2013年，党的十八

李健，中国银行业协会研究部主任；王丽娟，中国银行业协会研究部副主任；黄奕桦，中国银行业协会研究部副调研员。

届三中全会提出了"发展普惠金融"。2022年，党的二十大将普惠金融发展融入推进中国式现代化大局。2023年10月，国务院发布《关于推进普惠金融高质量发展的实施意见》，指出要进一步推进普惠金融高质量发展。2023年10月，中央金融工作会议首次系统提出包括普惠金融在内的五篇大文章，为新时代新征程推动金融高质量发展提供了根本遵循和行动指南。

站在10年的历史节点，普惠金融发展进入一个新阶段。为深入贯彻中央金融工作会议、中央经济工作会议和中央农村工作会议精神，认真落实《国务院关于推进普惠金融高质量发展的实施意见》，围绕做好普惠金融大文章部署要求，近期国家金融监督管理总局办公厅发布了《关于做好2024年普惠信贷工作的通知》，对金融机构如何提供高质量普惠金融服务提出了具体要求。

（二）普惠金融内涵不断丰富、深化

普惠金融的概念最早由联合国于2005年提出。随着国内外普惠金融理论和实践不断深化发展，其内涵和外延不断丰富，从主要关注较为单一的普惠信贷扩展到提供支付、汇款、存款、贷款、保险、理财等综合金融服务。我国经济迈入高质量发展的新时代后，普惠金融内涵定义也发生了相应调整，由最初的扶贫金融扩展到微型金融，又发展为当前包容性、全方位、广宽度、深内涵的金融服务，对经济发展、社会稳定、宏观政策效果也有重要意义。与此同时，我国普惠金融注重在金融机构商业可持续、消费者成本可负担的前提下，通过政策扶持、市场竞争和金融创新，使中小微企业、欠发达地区、弱势群体逐步获得适当金融产品和服务，以高效率和低成本的方法快速触达客户，以最大程度解决金融主体排斥问题。

二、银行业普惠金融发展成效显著

经过十余年发展，银行业普惠金融发展取得显著成效，普惠金融服务覆盖面、可得性和满意度明显提升，普惠金融服务均等化、便利度不断提高，特别是金融服务更具温度，体现了以人民为中心的发展理念。同时，重点领域、重大战略和薄弱环节的金融支持加力提效，小微企业融资"难、贵、慢、险"问题得到有效缓解，普惠金融发展逐步呈现规模效应，总体呈现增量扩面提质增效的有利局面。

（一）多层次、广覆盖的普惠金融服务体系初步建成

构建了具有中国特色、国际领先的现代普惠金融服务体系。截至2024年一季度末，全国普惠型小微企业贷款余额31.4万亿元，同比增速21.1%，较各项贷款增速高12个百分点。全国新发放普惠型小微企业贷款利率4.42%，较2023年下降0.35个百分点，2018年以来累计下降3.51个百分点[①]。从上市银行披露的2023年年报情况来看，普惠信贷成为上市银行财报的重要增长业务，无论是普惠型涉农贷款、普惠型小微企业贷款增速目标，还是服务于更多的长尾经营主体，商业银行都积极做好服务价格披露，畅通融资堵点，提供适当、有效的金融服务，普惠信贷服务覆盖面不断扩大。民生领域金融服务供给有效增加。创业担保贷款政策持续优化，支持高校毕业生、农民工、退役军人等重点群体就业创业。继续实施国家助学贷款免息及本金延期偿还政策，提高贷款额度，调整贷款利率。惠民利民服务实现新提升，金融服务更具温度。部分银行将网点改造成驿站、港湾等，为特殊群体和弱势人群提供金融服务以外的便利服务。比如，建设银行将全国支行

---

① 数据来源：国家金融监督管理总局。

网点设施进行部分改造，建设劳动者港湾，为特殊群体和弱势人群提供金融服务以外的便利服务。构建"信贷+"服务模式，为小微企业提供结算、财务咨询、汇率避险等综合金融服务，更好满足小微企业多样化金融需求。此外，政策性银行积极创新业务模式，加大普惠金融服务力度，利用资金和产业链优势与立足当地具有人缘地缘优势的中小银行深入合作提供优质高效金融服务。比如，中国进出口银行作为服务外经贸发展的政策性银行，在推动国际经济合作、科技强国建设、产业转型升级等方面具有天然优势，其主动发挥资金规模大、期限长、非营利性的特点，围绕国际产业链分工，积极为外贸产业链上具有先进制造业特点的小微企业出口提供有效融资支持。同时，通过"转贷+直贷"的方式，与当地中小银行以小微外贸企业风险共担转贷款合作，支持了一批具有自主核心技术和竞争优势的科技型小微企业参与国际贸易，以外贸带动创新研发、产业革新，促进科研、产业与贸易的深度融合，形成以贸易聚产业、以产业促发展的良好联动效应。

（二）数字普惠服务模式更加完善

工欲善其事，必先利其器。数字化与普惠金融有机结合，是商业银行推动业务转型升级，进而全面触达客户的有力抓手。银行业普遍加快科技投入，持续加力数字化转型，不断推动实现物理网点和线上渠道的高度融合，完善金融服务场景化、智能化建设，打破线上线下服务藩篱，金融消费者存款、取款、支付更加方便快捷。据不完全统计，2023年银行业信息科技投入已超过3000亿元，其中六大行共计投入1228.22亿元，同比增长5.38%，根据中银协陀螺评价指标体系显示，在后发优势和低基数效应下，地方中小银行金融科技资金投入呈现高速增长态势；银行离柜交易笔数达4914.39亿笔，同比增长9%；银行业离柜交易总额达2363.82万亿元，行业平均电子渠道分流率为93.86%。在吸纳人才方面，2023年末，6家国有大型银行金融科技员工增至9.49万人，比2022年增加7500多人，增幅8.59%。① 已有多家银行机构布局AI大模型技术，场景应用探索不断加速。商业银行创新将数据作为新型生产要素，持续丰富数字化线上化服务供给，构建数字化信息平台、开发针对小微企业、个体工商户、涉农客户、供应链上下游客户的不同特点和需求的数字化信贷产品。在场景化产品定制和模块化产品创新实现突破的基础上，不断丰富综合金融服务内容、健全平台生态服务体系、风险防控机制手段更加有效，重点领域风险防控能力持续提升。数字普惠金融产品的易用性、安全性、适老性得到明显提升，数字金融服务场景日趋丰富，客户服务的广度和深度得到进一步拓展。风险管理智能化程度和自动化水平持续提升，助力普惠金融业务资产质量处于稳健可控水平，其中，国有五大行普惠金融业务整体不良率低于其全行平均不良率。信息不对称问题得到进一步缓解，金融服务透明度明显提高，因技术排斥所导致的金融排斥实现破题。长尾客群服务门槛和成本大幅下降，有效解决开展普惠金融业务规模不经济的问题。总体来看，数字普惠金融的发展推动了普惠金融业务从原来的不敢做、不愿做、不会做，逐渐成为银行厚植客户基础的品牌业务。

（三）初步构建乡村振兴金融服务体系

金融资源持续向乡村地区进行重点倾斜。根据中国人民银行相关数据，截至2024年一季度末，全国普惠型涉农贷款余额13.69万亿元，同比增长19.43%，超过各项贷款平均增速10.26个百分点，全口径涉农贷款余额60.19万亿元，同比增长13.5%，在各项贷款余额中占比超过20%，增速保持领先地位。农村普惠金融服务均等化、便利度不断提升，银行业机构乡镇覆盖率97.9%，基础金融服务行政村覆盖率接近100%，做到基础金融服

---

① 以上数据根据银行年报整理。

务不出村，综合金融服务不出镇。农村信用基石进一步夯实，创新运用双基联动、农村网格服务站等手段推动整村授信，建档评级农户数、授信农户数增长较为明显。涉农贷款利率处于较低水平，优化产品定价和还付方式，加大内部资金转移定价优惠力度，新发放涉农贷款平均利率处于历史较低水平。乡村振兴重点领域和关键环节金融支持力度明显提升，做优做细粮食安全和种业振兴战略配套金融服务，围绕农业产业化龙头企业、家庭农场、合作社等新主体，休闲农业、农村电商等新业态，在贷款定价、风险管理、资源配置、人才保障、考核激励等方面提供差异化金融产品和服务。

（四）科技创新服务模式更加丰富

2021年国务院开始对动产和权利担保实施全国统一登记，实现对动产抵质押权线上确认，有效降低资产重复抵质押风险，明显提升了金融机构发展动产和权利融资业务的能力和意愿，为动产融资发展提供了重要的基础设施支撑和展业基础。据统计，2021年动产融资统一登记系统正式上线以来，截至2024年5月末动产登记累计笔数已增长超过3倍，达到3641万笔。在此背景下，知识产权质押融资覆盖面和可得性进一步提升。2023年全年专利商标质押融资登记金额8539.9亿元，同比增长75.4%。质押登记项目4.2万笔，同比增长49.2%，质押金额1000万元以下的普惠贷款惠及中小微企业2.6万家。同时，商业银行积极创新"积分贷""科技人才贷"等新模式，科技型中小企业贷款、全国"专精特新"企业贷款余额年均增速20%以上，高于各项贷款增速。

三、普惠金融当前面临的主要问题

虽然银行业普惠金融过去10年取得显著成效，但仍然面临诸如优质客户多头授信，重点领域和薄弱环节金融服务存在短板，无抵押、轻资产类科技型中小企业信贷需求满足度不高，中长期贷款及信用贷占比相对较低等问题。

（一）普惠金融仍需向纵深推进

普惠群体"量多、额小、面广、分散"，但是普惠金融的供给总量还不足，对市场主体的覆盖不够全面。例如，对乡村、民生消费等领域的金融支持目前是不足的，需要针对这些薄弱环节增强定制化的供给能力。又如，随着我国工业化、城镇化和农业现代化进程的加快，数以亿计农村人口通过就业、入学、投亲等方式转入城镇成为新市民，但其持续增长的金融需求与传统金融供给之间的错配状况日益凸显。当前，不少微弱经济体因缺乏银行传统风控所需的合格财务信息、抵押担保物以及征信信用数据等，使得其金融需求难以得到满足。相关统计显示，有三分之一的市场主体尚未纳入金融信用信息基础数据库，在市场监管总局小微企业名录库中正常登记、持续经营的企业户数大概是3000多万户，其中有银行授信的占比仅占三分之一左右。此外，信用贷款的比例还不高，中小企业普遍存在缺征信、缺抵押的问题，公司治理机制不足，缺乏严谨可靠的财务制度；资产规模不大，特别是高新技术企业和商贸服务类企业等轻资产类型企业，缺乏房产、土地、机器设备等传统抵质押物，对于风控合规要求较高的银行来说，很难通过传统财务信息做出信贷决策，亟须加快获取有用可靠的非信贷数据，以数字信用信息代替传统的企业主体信用。

（二）五篇大文章有机融合程度还需提升

一是科创金融服务虽取得明显成效，但与高水平科技自立自强需求相比仍存在一定差距。科创金融服务规模、结构和服务手段仍有较大提升空间，根据工信部相关数据，87%的专精特新"小巨人"企业存在融资需求，仅37%的专精特新"小巨人"企业在近3年内曾申请银行贷款。科创金融服务适配性不强。二是绿色普惠金融发展仍存在"绿而不普""普而不绿"的问题，普惠主体相关金融排斥较为明显，绿色普惠金融发展面临多重挑战。现有绿色金融实践主要还是投向"纯绿"和"净零排放"等新兴行业，主要集中于能源生产供应、交通运输、基础设施建设等领域，且中大型企业占比较高，而小微企业主要从事传统生产与服务领域，金融服务的满足度仍有待提高。三是养老金融发展不充分问题较为突出。养老金融的数字鸿沟仍是突出障碍，数字技术虽然在日常生活中的应用日益普遍，但老年群体由于认知等原因不熟悉甚至容易被误导，从而产生金融服务的技术排斥，场景产品和服务不够丰富，老年人金融素养整体有待提高，自我保护意识和能力较弱，金融产品易用性和适老性有待提升，贯穿全生命周期的普惠金融产品和服务不足。同时，对养老服务机构和养老产业的金融服务有待统筹深化。四是数字普惠金融发展迅猛，但基础设施和潜在风险不容忽视。当前，农村及偏远地区数字基础设施建设不完善，导致数字普惠服务覆盖面和客户体验不足。数字化转型需要长期高投入，而中小银行囿于自身科技实力和资金不足，整体数字化程度不高、短板突出，投入产出比低，存在重复建设等问题，制约了其数字化服务水平。

（三）动产和权利融资发展仍处于初级阶段

动产和权利融资产品结构有待优化。由于存货、仓单、生物资产等在现实交易中涉及的合同、商品等过于复杂，金融机构防范类动产业务风险难度大，因此当前动产融资仍然以应收账款融资为主，仓单、存货、知识产权等动产和权利融资产品与服务占比相对较低，叠加中小企业对相关融资机制和产品缺乏了解和认知，对于存货规模较大或者知识产权数量较多的中小企业来说增加了融资约束。核心企业为中小企业确权意愿不足。应收账款融资作为动产融资中发展规模最大、最迅速的业务之一，供应链上下游中小企业要利用应收账款业务融资的关键环节是供应链核心企业对应收应付合同的确认。然而，尽管《保障中小企业款项支付条例》明确规定，中小企业以应收账款担保融资的，机关、事业单位和大型企业应当自中小企业提出确权请求之日起30日内确认债权债务关系，支持中小企业融资。但实际操作中，由于中小企业在产业链中处于弱势地位，应收账款质押融资占用核心企业信用额度等原因，核心企业确权意愿相对较弱。银行机构在动产和权利融资领域专业人才储备不足。动产和权利融资业务风险控制不仅需要金融机构真实准确评估产业场景、资金闭环、四流合一，并基真实性、可靠性给予企业授信，还需要借助大数据、区块链、物联网、AI等科技手段提高服务和风控效率，知识产权质押融资还需要有专业团队开展价值评估、风险管理、交易处置等。因此，银行机构需要具有产业研究经验并熟悉运用科技手段的复合型人才，但是目前相关人才供给相对匮乏。知识产权质押融资顶层设计亟待完善。目前知识产权质押融资各方面法律政策体系仍未完备，知识产权评估体系不健全，推进过程中普遍存在"价值低、评估难、处置难、机制弱"等问题，缺乏成熟权威的中介评价机构和相关从业人员，导致知识产权质押融资规模占人民币各项贷款余额的比例较低。

四、普惠金融未来重点发展方向

习近平总书记强调，要始终坚持以人民为中心的发展思想，推进普惠金融高质量发展。健全具有高度适应性、竞争力、普惠性的现代金融体系。站在普惠金融新10年发展起点，面对新形势新挑战和新要求，银行机构做好普惠金融大文章至少可从以下六方面着力。

（一）普惠金融服务要坚持正确的义利观，处理好金融功能性和营利性的关系，要把功能性放在第一位

普惠金融更多意味着包容性增长，提倡在经济增长的同时兼顾社会公平，关注经济发展质量，强调全体成员共享经济社会进步红利。相对于单一强调经济体量和增长速度，包容性增长注重机会平等，关注弱势群体，力求缩小居民收入差距，让发展成果由全体人民共享，推动经济社会均衡发展；普惠的意义在于金融服务无障碍到达每一位需求者，着力解决金融服务有没有、行不行、贵不贵、好不好等一系列问题。同时，普惠金融与金融排斥是相互联系的两个概念：金融排斥是特定群体不能或难以获得金融服务和产品的社会现象；普惠金融着力消除金融排斥现象。银行机构在发展普惠金融过程中要回归做普惠工作的初心，在尊重经济规律的基础上，多着眼于发挥普惠金融在减少贫富差距、降低金融资源配置不平衡、提升社会价值等方面的重要作用。同时，要通过敏捷高效的金融服务有效提升银行服务的温度。过去10年，中国普惠金融重点在解决普惠信贷有没有、够不够的问题，但支付结算、资产管理、跨境投融资等综合金融服务方面仍然存在短板。未来10年，普惠金融的发展目标应该是让小微企业能够平等地得到像大企业一样的金融服务。正如刘鹤副总理所说："企业家精神就像鱼一样，水温合适，鱼就会游过来"，银行业正是扮演水的角色，哪家银行服务效率高、体验好，那么企业家就会向你靠拢、黏住你，把你当作朋友一样信任，银行的客群基础将会更加牢固，发展普惠金融的商业可持续性更强。

（二）推进普惠金融与科技金融、绿色金融、养老金融、数字金融的融合发展

中央金融工作会议提出做好五篇大文章的重点任务，五篇大文章虽各

有侧重，但并不是孤立发展的，而是互为支撑的，需要彼此融合发展、同题共答，才能高质量完成金融强国建设任务。一要完善专业化科技金融发展模式。银行机构需加大对科技企业评价机制创新，运用专业风险评估技术构建贷前、贷中和贷后全栈式风险识别与防范体系。加强与保险机构和融资担保机构合作，强化风险分担补偿机制。持续加强对高新技术相关行业领域的研究，提升行业认知能力和对关键风险点的把控，完善风险评判体系。加强对科技型中小企业全生命周期金融支持，打造综合支行、专营支行、特色支行优势互补、渠道相济的服务模式提供"融资、融智、融商"有机融合的一站式综合金融服务。二要强化绿色、可持续经营理念。开展了碳中和银行的探索，努力实现碳中和运营和投融资活动低碳转型，积极支持国家"双碳"战略目标，创新落地基于林业碳汇和其预期收益权、碳排放权等碳市场相关质押融资产品，探索开发符合小微企业经营特点的绿色金融产品，促进绿色生态农业发展、农业资源综合开发和农村生态环境治理，为小微企业、农业企业、农户技术升级改造和污染治理等生产经营方式的绿色转型提供支持。大力发展以物理动产为共同载体，实现价值流、信息流和实体流融合驱动的物联网供应链金融，大幅提升绿色低碳产业融资可得性。三要一体推进养老金融产品、养老金融服务、养老产业金融融合发展。银行机构要充分考虑老年群体特殊需求，提升金融基础设施适老化水平，通过线上服务和线下渠道相结合，提供便利设施和无障碍服务，对于偏远地区老年人主动加强上门服务，同时要加强线上服务适老性，降低对老年群体金融服务的"技术排斥"；加强老年人投资适当性教育，强化投资者保护，严格防范养老金融投资领域的道德风险。用好用足货币政策工具，强化银担合作，拓展普惠养老产业融资渠道，支持养老机构提升智能化、数字化水平。开发满足多层次、多支柱养老保险体系建设的养老金融产品，提升养老金专营服务能力，强化养老金投资和风险管理，守护好老年人的钱袋子。四要增强数字化运营能力，落实好"五篇大文章"的战略布局。在推进五篇大文章融合发展过程中，可重点关注数字金融对普惠金融发展的促进作用，加强信用信息归集共享应用制度的顶层设计，依法依规健全信息归集、共享、查询、对接机制以及相关标准，确保数据安全，加快推进建设全国统一的信用信息共享平台。在完善的基础设施和合规文化的保障下，中小银行可通过系统联合共建、大行科技输出赋能或者与外部科技公司合作等形式，提高技术投入效率。同时，要防控好数字普惠金融潜在相关风险，高度重视数据安全问题，依法合规地查询、获取、保管客户的信用信息，对信息的全生命周期做到安全闭环管理。同时，把握好当前信用信息共享持续深化的契机，加强自身数据能力建设，提高数据分析应用、产品开发管理等核心竞争力，独立自主地用好信用信息。

（三）优化普惠金融服务评价体系，健全动产和权利抵质押融资风险补偿机制

当前，普惠金融已从过去关注有没有到现在更注重好不好，因此，对于银行业普惠金融发展成效的评价重点需围绕提高服务质效展开，行业协会和银行机构可以进一步完善评价指标体系，丰富评价维度，突出服务效果的评价。比如，中国银行业协会商业银行稳健发展能力—陀螺评价体系就已经在聚焦银行普惠金融服务能力方面的评价，未来将突出对普惠服务增量、稳价特别是优结构维度的评价，引导银行机构推动普惠金融高质量发展。发展动产和权利抵质押融资重点应放在夯实风险抵补机制上，一方面通过设立专项风险补偿基金、贷款贴息、保险等降低融资成本，激发银行机构展业意愿；另一方面，要充分发挥政府性融资担保风险缓释作用，建立专门服务于知识产权等相对复杂、专业程度较高的担保公司或者设立在内部专营团队。从监管层面，需要提升监管包容度并进行差异化监管，

在合理范围内适度提高动产融资尤其是知识产权质押融资不良率容忍度，将商业银行开展动产融资业务开展情况纳入信贷政策导向效果评估并设置差异化考核激励机制，强化执行对应收账款确权的规定，将相关确权情况纳入国企绩效考核机制，提升核心企业确权意愿。同时，进一步完善政银合作机制，强化动产和知识产权抵质押融资数据互联共享，提供高效便捷信息查询渠道，由政府牵头建立优质守信企业白名单推送机制。基础设施层面，要健全完善农村产权交易流转平台，建设完善动产抵质押物高效流转处置的市场化机制平台，鼓励银行机构对质物进行风险转移，进一步丰富交易拍卖、质权转股权、资产证券化等处置形式和渠道，提高资产处置效率。

（四）探索构建普惠理财产品服务体系

当前，发展普惠金融要从单一信贷服务拓展到构建涵盖信贷、保险、理财的综合普惠金融体系。其中，理财作为银行增加居民财产性收入的重要服务手段，未来需引导广大人民群众树立健康的理财观念，促进普惠理财走入寻常百姓家，实现居民财富保值增值。当前，全国理财产品的投资者超过了1.1亿人，存续的理财产品已达到4万只左右，需求和供给都极大丰富。在此背景下，银行机构推进普惠理财服务高质量发展，需要从发展思路和商业模式两方面协同发力。在发展思路上，要提升理财服务的针对性、动态性和简洁性：一方面，要根据客户的风险、收益和流动性偏好，为不同地区、不同收入的客户提供针对性的理财产品服务；另一方面，根据经济形势、居民就业、收入水平等变化，动态调整固收类、混合类、权益类产品的供给结构。此外，在理财产品结构设计和宣传上做到简洁明了易懂，让投资者在理财产品选择上更加放心更加从容。在商业模式上，不同金融机构理财服务需要坚持差异化竞争。首先，所有机构的理财服务理念需要从"以产品为中心"转向"以客户为中心",围绕客户收入状态、风险偏好等主动提供服务。其次,理财公司要逐渐摆脱对母行代销的依赖,逐步扩大自身的销售渠道和提升销售能力。此外,中小银行开展理财代销服务,需要利用好自己的本地化优势和对客户的多元化理解,进一步做好理财客户画像,提高营销的精准度和服务的针对性。

(五)关注市场主体金融健康,贯彻负责任金融理念

金融健康是普惠金融发展的高级形态,随着金融健康纳入普惠金融政策体系,银行机构应着手加强金融健康能力建设,有效提升市场主体财务韧性,帮助相关客群提升收支管理、风险应对和保障以及财务规划等方面的能力,降低因相关群体金融不健康所产生的潜在金融风险,实现银行机构自身稳健经营。此外,应秉持负责任金融的经营服务理念,逐步把金融健康的理念要求融入银行机构业务管理各环节中,通过细分客群不同特点、风险状况和现实需求,提供相适应的金融产品和服务。同时,应把金融教育纳入金融健康能力建设中统筹推进,针对包括新市民在内的弱势金融消费者进行金融知识普及、防欺诈、防范非法集资等专题宣传,及时做好金融风险提示,培育契约精神和诚信意识,促进金融消费者增强金融产品选择能力和风险责任意识。

(六)营造普惠金融服务的良好环境,完善银行服务小微企业良好环境

银行业金融机构致力于推动普惠金融由高速增长向高质量发展转变,实现"保量、稳价、优结构"目标。要增强数字化经营能力,通过数据积累、人工校验、线上线下交互等方式,不断优化信贷审批模型。要完善体制机制,通过单列信贷计划、绩效考核倾斜、内部资金转移定价优惠等方

式，保持普惠信贷业务资源投入力度，并对大型商业银行、股份制银行、地方法人银行以及政策性银行提出差异化要求。要进一步完善评价指标体系，丰富评价维度，突出服务效果的评价。要加强贷款"三查"，规范商业银行与第三方合作行为，严禁与不法贷款中介开展合作。要加强金融知识普及，做好惠企惠民政策宣讲。要完善金融服务网络，进一步优化金融资源配置，让普惠信贷更精准支持实体经济发展和新质生产力发展。结合不同地区、不同收入的客户实际情况和群体特征，着力构建又普又惠的中国特色普惠金融体系，加强对小微企业、"三农"和偏远地区的金融服务。要坚持金融惠民导向，为社会事业发展拓展融资渠道，创新融资方式，开发更多满足群众医疗、养老、教育培训等方面需求的金融产品。

发展普惠金融作为党中央重要决策部署，银行业金融机构要以踏石留印、抓铁有痕的恒心和耐心，主动适应市场形势和普惠金融需求变化，拓展普惠金融辐射的广度和深度，探索形成成本可负担、商业可持续和风险可控的商业模式，推动金融与经济社会之间的良性互动和包容性发展，实现社会效益和经济效益同步跃升，为全面建成社会主义现代化强国、实现第二个百年奋斗目标贡献力量。

数字普惠金融的发展前景与中国策略

宗　良　刘津含

作为五篇大文章，普惠金融与数字金融的交叉发展值得我们重点关注。以互联网、云计算、大数据等技术推行的数字普惠金融，改变了传统普惠金融的发展路径，具有广泛的包容性，有助于破解"三农"、小微企业等关键领域投融资难题，成为金融竞争的新高地。目前，我国数字普惠金融发展势头良好，数字化进程全球领先，正在形成以银行类金融机构为中心、互联网企业为支撑、非银行金融机构为补充的数字普惠金融体系。未来如何保持中国数字普惠金融的健康发展，本文从银行数字化转型、央行数字货币推广使用、数字信用体系建设、监管制度健全等多方面开展相关探讨。

一、数字普惠金融是未来金融竞争的重要制高点

2023年10月，在中央金融工作会议上，习近平总书记在重要讲话中分析金融高质量发展面临的形势，部署当前和今后一个时期的金融工作。会

宗良，中国银行研究院首席研究员；刘津含，中国银行研究院研究员。

议提出，"做好科技金融、绿色金融、普惠金融、养老金融、数字金融五篇大文章"，为牢牢把握推进金融高质量发展这一主题，做好相关金融工作指明了方向。[①]目前，普惠金融与数字金融的发展正在快速交叉，通过有机结合突破各自的局限性，未来拥有更广阔的发展空间。数字普惠金融将有利于提升金融服务乡村振兴的能力，助力中小企业接轨国际融入全球价值链，缩小贫富差距，实现共同富裕的目标。

（一）普惠金融与数字金融优势的融合

普惠金融源于联合国的倡议，发展于各国，尤其是中国的民生工程。普惠金融让更多人能够利用保险以及贷款等金融工具更快更便捷地实现生活生产需求，同时也提升了市场活力，促进了经济发展。而数字金融依托于大数据以及人工智能的技术进步。在不断迭代进步中，移动支付、互联网保险、网络理财以及网络贷款等应用逐渐成熟，在用户体验及服务精准度方面相比传统工具有了明显的优势。

不过，在普惠金融和数字金融各自的发展过程中，局限性也逐渐显现。一方面，对于普惠金融来说，客户数据难以获得以及风险控制问题突出等方面，也成为普惠金融发展的"拦路虎"。虽然国家有针对小微企业的减税以及贷款优惠的政策，但银行的步子却"迈不开"，真正有需求的小微企业难以得到发展的"活水"。另一方面，对于数字金融来说，数字工具以及场景 API 的使用难以落实到更广大的用户群体。由于智能手机以及各类 APP 的操作难度，老年人以及偏远地区工商户在数字金融的发展过程中容易被边缘化，这不仅导致应用场景的收缩，也容易引发社会问题。

数字普惠金融则有利于全面系统性地解决这样的问题：数字金融强力

---

① 新华社，做好五篇大文章推动金融高质量发展［N］，2023 年 11 月 8 日。

支持小微企业贷款、涉农贷款等的风险控制及客户定位，大大有助于普惠金融突破发展瓶颈。与此同时，普惠金融让更多市场主体融入金融体系之中，辅以政府以及金融机构的用户指导与帮助，提供更人性化的产品服务。让数字金融产品为更多普通民众所掌握，也可为数字金融提供更多的发展机遇。

（二）数字普惠金融将助力国际分工重塑

数字金融助力解决普惠金融的发展难题，普惠金融为数字金融提供广阔的应用空间，这样的双向作用形成良性循环，由此数字普惠金融将获得源源不断的生命力。这种优势不仅体现在国家内部的经济循环，也体现在更大范围的国际循环中。传统的国际贸易环节，从生产到消费链条冗长，供应商利润被层层稀释，大型企业凭借其强大议价能力挤占上下游的利润空间。而跨境电子商务平台通过直接连接买卖双方，降低了中小企业参与全球价值链的门槛，打破了大型企业在国际贸易中的垄断格局。数字贸易将重塑全球价值链利益的分配格局，为中小企业融入全球价值链，实现变道超车，享受全球化受益提供新的机遇。

（三）数字普惠金融蕴含人类命运共同体金融理念

数字普惠金融蕴含着人类命运共同体金融理念，由此在促进全球均衡发展的基础上，将为发展中国家以及落后地区带来难得的发展机遇，推动国际金融体系变革，让各国、各阶层都能共享数字金融的成果。从全球视角看，数字普惠金融体现了以人为本的原则，与全球包容性发展方向一致。目前世界范围内，贫困普遍存在，部分人群难以获得有效的金融服务，贫富差距严重。在各国政府以及民间力量的推动下，数字普惠金融将发挥更大力量，为世界经济增长做出更多贡献。在金融需求增加、金融科技飞速发展的背景下，数字普惠金融将成为全球潮流，得到快速的发展。

二、全球数字普惠金融发展新动向

数字经济时代为数字普惠金融发展提供了重要条件，数字普惠金融又将促进数字经济的发展水平。作为未来全球金融竞争的重要制高点，全球数字普惠金融正呈现新的发展动向。

（一）新冠疫情加速了数字普惠金融的发展

全球新冠疫情暴发期间，各国相继推出了一系列援助计划，推动数字普惠金融加速发展。比如2020年3月，美国政府通过了一项经济救助法案，即《新冠病毒援助、救济与经济安全法案》，通过贷款、担保和其他形式向因疫情影响而遭受严重打击的小型企业提供救济；引入了薪酬保护计划；以及向某些纳税公民提供一次性可退还的税收抵免。同月，英国政府出台了一系列总额达3300亿英镑补助政策，以帮助企业应对新冠疫情造成的冲击。政策包括针对受影响企业员工的工作保留以及工资补助计划、允许企业延缓缴纳增值税以及针对不同对象分别出台贷款计划等。疫情冲击之下，规模小、底子薄、抗风险能力较弱的小微企业，遭遇的挑战尤为严峻，大力发展的普惠金融，为小微企业撑起"保护伞"。2020年6月，博鳌亚洲论坛副理事长周小川在发表主旨演讲时称："后疫情时代，用户会更加认同无接触式金融服务，金融数字化转型可能会进一步加速。"[1]可见，对于普惠金融来说，由于其业务遍及大众生活以及中小企业运营，疫情防控很大程度

---

[1] 第一财经，疫情加速数字普惠金融发展 博鳌云端开会为亚洲各国支招 [J]，2020年7月3日。

上既促进了数字金融、普惠金融的发展，也推动了数字金融、普惠金融的融合。

（二）第三方支付的引领作用依然显著

第三方支付作为数字普惠金融工作的主要实施工具。在大额支付时，客户往往倾向于选用银行业金融机构的支付工具，而对于小额支付，第三方支付工具则更加受用户青睐。与银行业务相比，第三方支付机构的交易笔数虽然多但交易总金额少。第三方支付机构的支付工具由于提供了更好的客户体验和更丰富的应用场景，客户粘度更大。总体而言，第三方支付机构在移动支付市场上发挥着越来越重要的作用，不仅业务笔数大于银行，总金额上也正在逐步接近银行。

中国数字普惠金融正是以第三方支付作为突破口，发展态势全球领先。毕马威的研究报告显示，2022年全球金融科技企业前10的排名中，中国占据4席，超过包括美国在内的其他国家。根据艾媒咨询数据显示，截至2023年底，中国移动支付用户数超过11亿，渗透率超过90%，交易金额达3395.27万亿元，其中移动支付交易笔数为全球交易笔数50%左右。PayPal是欧美最大的电子钱包，2023年其服务用户数为4.2亿，总交易规模接近1.6万亿美元（约11万亿元），在用户数和交易规模上均落后于中国。

（三）数字货币的快速发展受到广泛关注

随着区块链以及大数据技术的发展，数字货币进入越来越多国家央行的发展战略中。根据路透社伦敦2023年6月的报道，共有130个国家考虑推出数字货币，其中有一半国家处在数字货币的后期研发、试点或推出阶段。除阿根廷以外的二十国集团国家，过去半年在数字货币方面都取得了重大进步。加勒比地区的一些国家和尼日利亚等11国已经正式推出央行数字货币（CBDC），而中国进行的数字货币试点工作覆盖了2.6亿人口，涵盖从电子商务到政府刺激计划支出等200种场景。早在2021年7月，中国人民银行就发布了《中国数字人民币的研发进展白皮书》，阐明人民银行在数字人民币研发上的基本立场，阐释数字人民币体系的研发背景、目标愿景、设计框架及相关政策考虑。其中，央行明确定义了数字人民币，即数字人民币是人民银行发行的数字形式的法定货币，由指定运营机构参与运营，以广义账户体系为基础，支持银行账户松耦合功能，与实物人民币等价，具有价值特征和法偿性。印度和巴西这两个大型新兴经济体也计划于明年推出数字货币。欧洲中央银行正在研究数字欧元的试点工作，有可能在2028年推出数字欧元。①

（四）亚非国家普惠金融发展迅速

从全球来看，特别是低收入国家，仍有接近20亿成年人无法享受基本的金融服务，比如银行账户；57%的成年人虽然拥有基本银行账户，但无法获得多元化的理财、信贷和保险等金融服务。数字普惠金融将为改变这种状况提供契机。IMF用数字普惠金融指数来衡量52个新兴市场和发展中经济体的进展，结果显示，亚非地区在数字普惠金融方面处于领先地位，但各国之间差异很大。在非洲，已有10余个国家推行央行数字货币，尼日利亚、肯尼亚、南非、加纳等国走在前列。例如，尼日利亚已推出电子奈拉，成为非洲首个推出央行数字货币的国家。南非央行数字货币在与澳大利亚、马来西亚和新加坡等国开展跨境试点及试验。2021年中非合作论坛第八届部长级会议通过《中非合作2035年愿景》明确提出，中非合作既要

---

① 参考消息，美智库：130个国家考虑推出数字货币［N］，2023年7月1日。

覆盖传统领域，也要拓展数字经济、绿色低碳等新兴领域。中非数字化发展迅速，围绕数字金融开辟合作新通道。相比之下，中东和拉丁美洲对数字金融服务的使用往往更为有限。在智利和巴拿马等一些国家，可能是因为传统银行渗透程度相对较高，数字金融服务化程度并不高。

（五）数据隐私保护成为普惠金融发展的关注焦点

数据安全和隐私保护已成为金融科技创新过程中不可回避的问题，消费者数据过度被采集、非法共享、随意滥用等现象层出不穷，由人脸识别等新技术引发的隐私保护新风险引起广泛关注。黑客通过网络平台获取客户信息，一些底端黑客会通过倒卖客户信息给不同行业领域获利，而更专业的黑客会从信息中筛选高价值的信息，寻找高价值的个人信息单点突破，目标是入侵个体账号、盗取资金，涉及领域包括客户的银行账户、支付宝、微信余额等。在数字经济大发展的背景下，数据成为重要的生产要素，每天有大量的数据产生和使用，尤其是数字普惠金融涉及客户范围较广、数量较多，信息泄露潜在风险较大，与之相关的数据保护问题逐渐成为金融科技创新发展的关键问题。中国人民银行原行长易纲在"北大深圳论坛2024"上发表了以《数字金融与隐私保护》为题的主旨演讲，指出隐私保护是数字金融时代最主要的挑战，如何平衡数据共享的需求和个人隐私的保护、加强网络安全、防止数据泄露和滥用等问题，将是持续的挑战。

三、中国数字普惠金融发展的新进展

最近几年，中国在普惠金融与数字化技术结合方面进行了更多的努力，数字普惠金融正在越来越多地帮助解决各方面问题。目前，普惠金融业务发展规模、区域平衡、数字工具推广、法律法规政策健全等方面都有了显著的提升。

（一）普惠金融呈现快速发展态势

在普惠金融服务对象方面，我国主要针对小微企业融资、乡村振兴、"三农"发展等领域制定专项政策。小微贷款是我国普惠金融业务的重要组成部分。2023年9月，国务院发布《关于推进普惠金融高质量发展的实施意见》[①]，提出推动我国普惠金融发展取得长足进步，金融服务覆盖率、可得性、满意度明显提高，基本实现乡乡有机构、村村有服务、家家有账户，移动支付、数字信贷等业务迅速发展，小微企业、"三农"等领域金融服务水平不断提升。以习近平新时代中国特色社会主义思想为指导，深入贯彻党的二十大精神，认真落实党中央、国务院决策部署，牢牢把握金融工作的政治性和人民性，完整、准确、全面贯彻新发展理念，深化金融供给侧结构性改革，推进普惠金融高质量发展，提升服务实体经济能力，防范化解各类金融风险，促进全体人民共同富裕。对此，银行业金融机构不断深化对小微企业、涉农经营主体及重点帮扶群体金融服务，加大信贷投放力度。截至2023年末，普惠型小微企业贷款余额29.06万亿元，同比增长23.27%，较各项贷款增速高13.13个百分点。普惠型涉农贷款余额12.59万亿元，同比增长20.34%，较各项贷款增速高10.2个百分点。832个脱贫县各项贷款余额12.3万亿元，同比增长14.7%；160个国家乡村振兴重点帮扶县各项贷款余额1.9万亿元，同比增长15.85%。[②]

---

① 中华人民共和国中央人民政府，国务院公报［N］，2023年第30号。
② 金融监管总局网站，关于做好2024年普惠信贷工作的通知［N］，2024年3月29日。

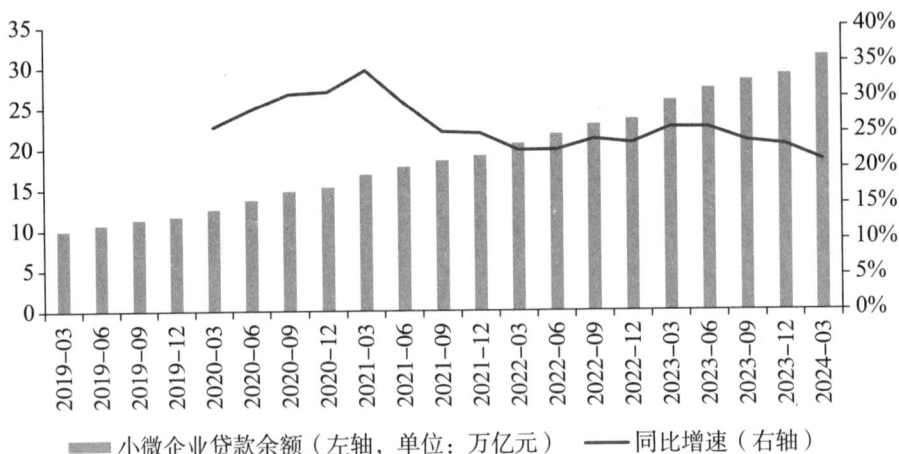

图1 2019—2024年我国商业银行普惠型小微企业贷款投放情况

数据来源：国家金融监管总局、中国银行研究院

从贷款投放的额度来看，我国银行十分重视普惠金融业务，由图1可以看出，小微贷款投放规模不断上升，普惠金融在帮助中小企业融资方面发挥了重要的作用。

（二）数字化金融客户规模不断扩展

传统商业银行的运营模式在拓展成本高、收益低、风险难控的小微客户方面动力不足。而互联网金融因为其极为便捷、流动性高、门槛低的特点吸引了广大用户，互联网中间业务量持续增长。互联网金融发展成为金融市场上的重要业务。我国互联网理财用户规模逐年稳步上升，未来还存在比较强的上升空间。

经过多年发展，互联网金融业务范围已经渗透各类生活场景，受到广大长尾市场客户认可，尤其在移动支付、银行卡收单和跨境支付等细分领域，形成了自身优势项目，在我国支付服务创新和普惠金融发展方面发挥了重要作用。图2给出了我国近十年电子支付业务情况，可以看出我国电子支付业务规模逐年递增、业务发展较好。

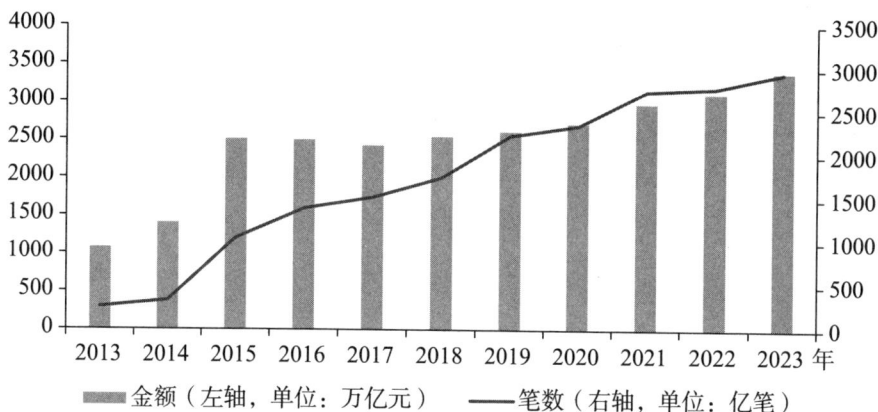

图2 2013—2023年中国电子支付业务规模

数据来源：中国人民银行、中国银行研究院

总的来说，我国互联网金融正处在高速发展的繁荣期，网络借贷、网上投资、第三方支付、数字保险、数字银行等都迅速发展，行业规模居于世界领先地位，这为我国数字普惠金融发展奠定了基础。

（三）数字普惠金融发展整体加速各地区稳步上升

数字普惠金融指数是目前国内用于计算各省市数字普惠金融发展程度的指标。从图3可以看出，2022年中国数字普惠金融发展排名前五的省市为上海市、北京市、浙江省、江苏省、福建省。数字普惠金融发展水平较好的主要集中在超一线城市以及浙江省等沿海省份，数字普惠金融表现已成为地区经济金融活力的重要体现。图4利用省级数字普惠金融指数的均值、中位值和增速，反映我国数字普惠金融的整体发展趋势和地区差异，可以看出我国数字普惠金融水平不断上升，地区差异正在缩小。

在中国经济发展水平与数字普惠金融发展水平有一定的相关性：经济发展水平高的地区，金融机构和金融消费者对数字普惠金融产品和服务的需求更加强烈，金融供给更加充分，金融创新更加活跃，同时，基础设施更加完善，数字技术水平更加先进，金融人才更加丰富，金融监管更加有效，数字普惠金融的支撑条件更加有利；相反，经济发展水平低的地区，由于市场需求不足，金融供给不足，金融创新不足，基础设施不足，数字技术不足，金融人才不足，金融监管不足等因素，导致数字普惠金融的发展水平相对较低。

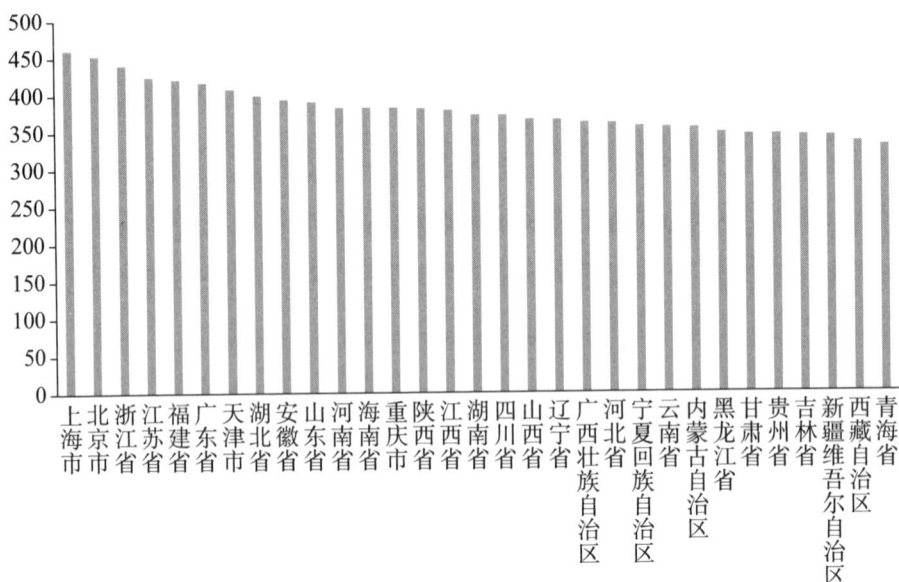

图3　2022年中国各省数字普惠金融指数

数据来源：北京大学数字普惠金融指数、中国银行研究院

表1　2012—2022年中国省级数字普惠金融指数

省份	2012	2013	2014	2015	2016	2017	2018	2019	2020	2021	2022
北京市	150.65	215.62	235.36	276.38	286.37	329.94	368.54	399.00	417.88	445.44	452.83
天津市	122.96	175.26	200.16	237.53	245.84	284.03	316.88	344.11	361.46	395.73	407.30
河北省	89.32	144.98	160.76	199.53	214.36	258.17	282.77	305.06	322.70	352.44	360.65
山西省	92.98	144.22	167.66	206.30	224.81	259.95	283.65	308.73	325.73	359.70	366.07

续表

省份	2012	2013	2014	2015	2016	2017	2018	2019	2020	2021	2022
内蒙古	91.68	146.59	172.56	214.55	229.93	258.50	271.57	293.89	309.39	344.76	353.90
辽宁省	103.53	160.07	187.61	226.40	231.41	267.18	290.95	311.01	326.29	357.23	365.25
吉林省	87.23	138.36	165.62	208.20	217.07	254.76	276.08	292.77	308.26	339.41	343.67
黑龙江省	87.91	141.40	167.80	209.93	221.89	256.78	274.73	292.87	306.08	341.14	347.59
上海市	150.77	222.14	239.53	278.11	282.22	336.65	377.73	410.28	431.93	458.97	460.69
江苏省	122.03	180.98	204.16	244.01	253.75	297.69	334.02	361.93	381.61	412.92	424.06
浙江省	146.35	205.77	224.45	264.85	268.10	318.05	357.45	387.49	406.88	434.61	440.04
安徽省	96.63	150.83	180.59	211.28	228.78	271.60	303.83	330.29	350.16	384.62	393.32
福建省	123.21	183.10	202.59	245.21	252.67	299.28	334.44	360.51	380.13	410.31	420.75
江西省	91.93	146.13	175.69	208.35	223.76	267.17	296.23	319.13	340.61	372.17	378.83
山东省	100.35	159.30	181.88	220.66	232.57	272.06	301.13	327.36	347.81	380.68	390.38
河南省	83.68	142.08	166.65	205.34	223.12	266.92	295.76	322.12	340.81	374.37	382.39
湖北省	101.42	164.76	190.14	226.75	239.86	285.28	319.48	344.40	358.64	391.90	398.81
湖南省	93.71	147.71	167.27	206.38	217.69	261.12	286.81	310.85	332.03	362.36	371.95
广东省	127.06	184.78	201.53	240.95	248.00	296.17	331.92	360.61	379.53	406.53	416.36
广西	89.35	141.46	166.12	207.23	223.32	261.94	289.25	309.91	325.17	355.11	362.02
海南省	102.94	158.26	179.62	230.33	231.56	275.64	309.72	328.75	344.05	375.35	382.28
重庆市	100.02	159.86	184.71	221.84	233.89	276.31	301.53	325.47	344.76	373.22	382.23
四川省	100.13	153.04	173.82	215.48	225.41	267.80	294.30	317.11	334.82	363.61	371.61
贵州省	75.87	121.22	154.62	193.29	209.45	251.46	276.91	293.51	307.94	340.80	344.68
云南省	84.43	137.90	164.05	203.76	217.34	256.27	285.79	303.46	318.48	346.93	354.71
西藏	68.53	115.10	143.91	186.38	204.73	245.57	274.33	293.79	310.53	342.10	334.69
陕西省	98.24	148.37	178.73	216.12	229.37	266.85	295.95	322.89	342.04	374.16	381.29
甘肃省	76.29	128.39	159.76	199.78	204.11	243.78	266.82	289.14	305.50	341.16	345.22
青海省	61.47	118.01	145.93	195.15	200.38	240.20	263.12	282.65	298.23	329.89	329.75
宁夏	87.13	136.74	165.26	214.70	212.36	255.59	272.92	292.31	310.02	344.86	356.63
新疆	82.45	143.40	163.67	205.49	208.72	248.69	271.84	294.34	308.35	341.77	342.66

数据来源：北京大学数字普惠金融指数、中国银行研究院

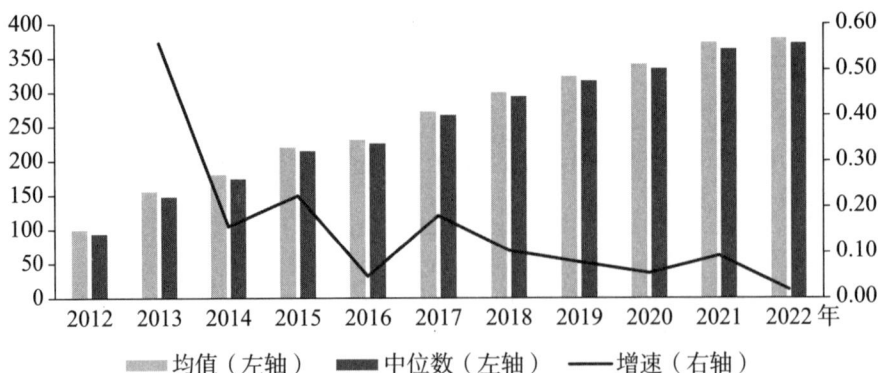

图4　2012—2022年中国省级数字普惠金融指数的均值、中位数和增速

数据来源：北京大学数字普惠金融指数、中国银行研究院

总体而言，随着我国经济均衡发展，地区间普惠金融使用差距也在缩小，我国数字普惠金融发展水平整体上升，目前地区差异的主要来源存在于使用深度，下一阶段的工作应着重于拓宽用户的选择，提供更多金融工具和方案。

（四）相继出台普惠金融政策法规

近几年来，各有关部委密集出台相应政策法规来为其保驾护航，互联网金融监管来到了"严监管"时期。"严监管"使得数字普惠金融经历了一段时间的"慢发展"。如何在控制风险的情况下，又不至于抑制互联网的创新性发展成为问题的关键。为统筹解决数字普惠金融发展中出现的"一管就死，一松就乱"的现象，政府一方面对网贷、小贷公司进行了更加严格的整治，另一方面出台了一系列政策促进互联网金融在传统银行相关业务的部署。

2020年《中华人民共和国民法典》时代到来，在保护个人信息安全、人身权利安全等方面有更完善的规定，成为普惠金融消费者权益保护的重要制度性保障。2020年8月，最高人民法院颁布的《关于审理民间借贷案件适用法律若干问题的规定》推出了民间借贷史上最严"利率红线"，以"4倍LPR"取代了"24%和36%为基准的两线三区"的规定，规范了民间借贷，也给LPR利率带来了更多关注。2022年1月，中国人民银行出台《金融科技发展规划（2022—2025年）》，通过创新监管工具、开展试点示范、推进提升工程等方式，多措并举引导金融机构充分发挥数字技术和数据要素的双轮驱动作用，赋能金融服务提质增效，建立健全我国金融科技发展的"四梁八柱"。2022年7月，中国银保监会发布《关于加强商业银行互联网贷款业务管理提升金融服务质效的通知》，鼓励商业银行稳妥推进数字化转型，充分发挥互联网贷款业务在助力市场主体纾困、加强新市民金融服务、优化消费重点领域金融支持等方面积极作用，从履行贷款管理主体责任、强化信息数据管理、完善贷款资金管理、规范合作业务管理、加强消费者权益保护等方面，进一步细化明确了商业银行贷款管理和自主风控要求。

四、中国的应对策略

根据产品生命周期理论，中国过去生产的很多产品都是在其他国家成熟、成型后才转移过来的，但在数字金融这个领域，我国企业已经迈入生命周期曲线的最前端，正在引领全球行业发展。在中国数字金融的发展过程中，也存在一些亟待解决的问题，例如，传统银行数字化转型困境、数字普惠金融帮扶精准性、数字信用体系未健全、互联网贷款存在风险漏洞等。积极应对存在问题，全面巩固我国在数字普惠金融领域的领先地位，是未来我国金融业发展的重要方向之一。

（一）加快银行的数字化转型和建设

我国银行数字化转型进入快车道，银行数字化转型基础进一步夯实，各银行在生态场景建设、优化服务渠道、强化中后台信息化建设、提升风控能力等方面加快了金融科技布局。为了应对新冠疫情带来的不利影响，服务部门开始倡导"非接触"概念，银行采取了一系列措施加快数字化转型的步伐。2023年，中国银行业IT解决方案市场总规模约为777.52亿元，预计到2025年，中国银行业IT解决方案市场规模将达到1185.6亿元。各类银行都在努力打造自己的上云工程，夯实金融科技基础设施建设，在建设生态场景、优化服务渠道、强化中后台信息化、提升风控能力等方面加快金融科技布局。在数字普惠金融推广的大背景下，"非接触银行"成为银行数字化转型的加速器。从各行的实践来看，目前以API为核心技术，部分以SDK产品聚合金融服务能力，从平台建设、场景生态合作等方面积极探索新兴开放服务模式。近年来，民营银行和虚拟银行的规模都得到进一步扩大。截至2023年底，国内19家民营银行的总资产规模为2万亿元，但规模分化较为显著，微众银行和网商银行的规模分别为5355.79亿元和4521.3亿元，两家合计资产规模近万亿元，合计占比国内所有民营银行总资产的一半规模。①

（二）借助央行数字货币提供精准服务

随着非银行支付机构不断发展壮大，中国的支付体系发生了巨大变化，这给央行对支付体系的监管与货币政策的传导带来了一定的挑战。为进一步保障法定数字货币的运行安全，采用传统记账方式或者通过以密码算法为基础的纯数字货币来实现，利用安全芯片载体来保护密钥和算法运算过程，使用包括密码算法在内的多种信息技术手段、机制设计来防止数字货

---

① 21世纪经济报道，民营银行十年蝶变：微众、网商两家占据七成利润　谁在掉队？［N］2024年6月18日。

币伪造，确保数字货币运行体系的安全性。央行系统性开展数字货币大数据体系建设。从时域上，提取数字货币发行、流通、交换、贮藏、回收的全生命周期关键基础数据；从空间域上，构建数字货币运行分布云图，勾画数字货币运行的规模、地点、时间，并进行空间标注，清晰地了解数字货币的运行区域和投放重点域。在此基础上，数字货币将帮助实现更精准地向特定领域、特定地区乃至特定群体投放货币，助力央行对特定小微企业的精准帮扶，推进普惠金融事业发展。[①]2023年6月，中国人民银行等五部委联合发布《关于金融支持全面推进乡村振兴加快建设农业强国的指导意见》，鼓励金融机构运用新一代信息技术因地制宜打造惠农利民金融产品与服务，提升农村数字普惠金融水平，推动金融与快递、物流、电商销售、公共服务平台等合作共建，形成资金流、物流、商流、信息流"四流合一"的农村数字普惠金融服务体系。总体看，在政策支持的大背景下，数字技术在普惠金融领域的应用为推动我国数字普惠金融发展创造了有利条件。

（三）推进统一的数字信用体系建设

2020年12月，国务院发布《关于进一步完善失信约束制度 构建诚信建设长效机制的指导意见》，旨在构建诚信建设长效机制，进一步提高社会信用体系建设法治化、规范化水平，推动社会信用体系迈向高质量发展新阶段。2022年4月，中共中央办公厅、国务院办公厅印发《关于推进社会信用体系建设高质量发展促进形成新发展格局的意见》，围绕以健全的信用机制畅通国内大循环、以良好的信用环境支撑国内国际双循环相互促进、以坚实的信用基础促进金融服务实体经济、以有效的信用监管和信用

---

① 新华社，中国普惠金融：疫情中的小微企业"保护伞"［N］，2022年4月11日。

服务提升全社会诚信水平等方面作出了部署。①2024年5月，国家发改委会同有关部门制定了《2024—2025年社会信用体系建设行动计划》，旨在通过五大方面的措施，推动社会信用体系的高质量发展，为我国市场经济秩序的维护和经济的持续发展提供坚实保障，进一步助力社会信用体系建设高质量发展。就零售金融业务而言，目前中国个人征信体系存在着多种信用评分系统并行的现象，包括央行的个人征信系统、百行征信（信联）、各个大型平台的内部评分系统。这些信息系统各有优势，总体而言，虽然央行征信体系覆盖人群比较广泛，但在现阶段还没有实现各个信用体系信息充分共享，信息孤岛、多头借贷、过度借贷、更新时效等问题仍有待解决。互联网公司以及金融科技公司拥有用户在各种场景下消费，借贷等金融交易数据，可以更加细致地刻画用户信用水平。可以预见，在未来会出现越来越多依托于互联网应用，基于大数据以及人工智能技术的网络信用平台。统一的数字信用体系将成为高效发展数字普惠金融的保障。

（四）积极开展严监管与反垄断

近几年来，互联网贷款风险事件大规模爆发，监管层出于防范风险与社会稳定的考虑，对互联网贷款进行了一系列的规范与治理。2021年2月，中国银保监会办公厅在《关于进一步规范商业银行互联网贷款业务的通知》中对商业银行和互联网贷款机构的合作方式做了严格限制。P2P退出是主基调，一些省份已明确表示取缔全部P2P网贷业务。同时，允许部分企业转型为小额贷款公司，但有一定的资本要求，门槛较高。网络小贷公司由于其杠杆倍数较低，且资产端风险由机构承担，虽然行业发展过程中出现了一些问题，但监管层对其仍然采取在规范中发展的态度。持牌消金公司

---

① 人民日报，夯实高质量发展的"信用基石"［N］，2022年4月25日。

也在不断增资以满足资本管理要求，资产规模不断扩大。2024年4月，国家金融监督管理总局下发《关于进一步规范股份制银行等三类银行互联网贷款业务的通知》，强调不得将核心风控环节外包给合作机构，防止过度依赖合作机构，导致互联网贷款经营管理"空心化"；要加强互联网贷款业务的各类合作机构管理等。随着零售客群的不断扩大，各家公司都在积极加大科技运用的力度。传统银行、互联网银行、持牌消金公司、网络小贷公司、P2P平台、消费分期平台、信托等机构，在资金管理、风控能力、科技能力、优质客户、场景等方面都有各自的优势与不足，利用各自的优势进行合作开展联合贷款或助贷，已经成为近年来消费金融业务的重要发展趋势之一。

第二部分

实践与前沿：破解世界性难题的中国探索

国有大行服务小微企业的先行者

——以邮储银行实践为例

耿　黎　王晓雯　莫婉琦

作为一家立足普惠的国有大型商业银行，邮储银行一直奋战在普惠金融服务的第一线，既有"大行"的科技优势与资源禀赋，也有同"小行"相似的"服务下沉"与"深耕场景"的特质。作为普惠金融的倡导者、先行者，邮储银行将"普惠"与"稳健"的基因根植血脉。邮储银行始终坚守服务"三农"、城乡居民和中小企业的市场定位，致力打造普惠金融综合服务商，形成了"一大一小"的业务发展特征。在发展普惠金融的实践中，邮储银行构建普惠金融长效机制，打造小微企业金融服务数字化转型5D（Digital）体系，深耕科技金融、产业金融和涉农等重点领域，争做客户主办行，构建客户全生命周期服务新机制，深化普惠专业研究，打造了独特的"邮储模式"。

耿黎，中国邮政储蓄银行总行普惠金融事业部总经理；王晓雯，中国邮政储蓄银行总行普惠金融事业部综合管理处副处长；莫婉琦，中国邮政储蓄银行总行普惠金融事业部普惠金融管理处员工。

一、赓续普惠基因，传承百年文化

邮储银行是普惠金融的倡导者、先行者，"普惠"与"稳健"的基因根植血脉。邮政储蓄前身为百年前的邮政储金业务，是彼时小储户、中小工商企业的"大众银行"。1986年，邮政储蓄业务恢复开办，在此阶段，邮政储蓄形成了"千家万户找储源，千言万语去宣传，千方百计想办法，千辛万苦作贡献"的"四千精神"，对聚集社会闲散资金、支持国民经济发展发挥了重要作用。2007年，在改革原邮政储蓄体制基础上，邮储银行正式挂牌成立，定位于服务"三农"、城乡居民和中小企业。立行以来，邮储银行将百年前的"人嫌细微，我宁繁琐；不争大利，但求稳妥"的普惠经营理念融入"普惠城乡，让金融服务没有距离"的使命担当。今天，邮储银行已经形成了以董事会战略规划委员会为引领，以乡村振兴及普惠金融管理委员会为统筹，以普惠金融事业部和三农金融事业部为主体，邮银协同、总分联动、母子合力的普惠金融服务体系。

深耕普惠金融领域十七载，在小微领域持续探索创新。邮储银行成立之后，于2007年发放了第一笔小额贷款，2008年在全国推广小额贷款，2009年成立了首个小企业信贷中心，普惠金融服务迅速向体系化、专业化转型。自2009年开办小微企业贷款业务以来，大体经历了四个发展阶段：第一个阶段是2013年以前快速发展期，引入德国关系型信贷技术，用三年时间突破了1000亿元。第二个阶段是2014年—2016年的调整巩固期，因产能过剩、环保治理、政府债务清理等市场及政策性风险，小微企业业务发展遇到了瓶颈。这段时期邮储银行重塑风控理念，明确走专业化道路，打造专职小企业客户经理队伍。第三个阶段是2017年—2018年第一个转型发展阶段，邮储银行探索信贷技术、服务方式的转型升级，小企业授信业务在原作业模式基础上探索增加零售模式，聚焦"小而美"的客户，逐步向平台化、批量化和协同服务模式转变，小企业贷款开始恢复性增长，不良率逐渐下降。第四个阶段是2019年以来的第二个转型发展阶段，邮储银行推动小微信贷数字化转型进程，加快外部数据平台对接和内外部数据运用，打造线上化产品体系，加快运营和风控方面的数字化技术应用。从早期的关系型信贷技术，到现阶段以数字驱动、平台与场景经营为特征的数字普惠新模式，邮储银行走出了一条创新化、专业化、体系化的普惠金融发展之路。

二、深耕普惠小微，打造普惠金融"一大一小"特色

经过十余年的探索和实践，邮储银行以数字化破解普惠金融"两高一低"难题，在普惠金融领域形成了"一大一小"的发展特色，普惠型小微企业贷款实现了增量扩面、提质降本，普惠金融服务获得了外界的广泛认可。

（一）以数字化破解普惠金融"两高一低"难题

发展普惠金融曾面临着"两高一低"的难题。普惠金融曾经是一个世界性难题，集中表现为"两高一低"的特征，即风险高、成本高、回报低。风险高是指普惠群体中的小微企业经营脆弱、抗风险能力弱、组织化程度不高，或因经营扩张、压货、大额订单流失等问题而无法继续经营。成本高是指普惠金融服务对象的种类多，所需要的服务内容差别明显，以传统的银行信贷服务为例，服务一家贷款50万元或者100万元的小微企业，同样需要完成申请、调查、审查审批、签约、放款审核等十几个环节，需要客户经理等经办人员有很高的参与度，运营成本居高不下。收益低则表现为因风险高导致传统普惠金融业务的综合收益覆盖风险成本面临挑战，同时随着市场定价竞争日趋激烈，普惠金融领域的收益空间被不断挤压。

数字化则是解决普惠金融发展的"锁钥"。快速发展的数字化技术带动了普惠金融的升级，为解决普惠金融发展难题提供了路径，移动互联技术发展使远程服务成为可能，大数据技术打破信息壁垒，为数据的智能场景应用夯实基础，金融科技应用可以实现模式创新与流程优化，有力地降低了运营成本。在数字普惠金融服务的大趋势下，邮储银行顺应数字化变革大趋势，搭建了独具特色的数字普惠金融体系，并在技术应用上积累了一定的实践经验。

（二）邮储银行"一大一小"的发展特色

作为一家立足普惠的大型国有商业银行，邮储银行一直奋战在普惠金融服务的第一线，既有"大行"的科技优势与资源禀赋，也有同"小行"相似的"服务下沉"与"深耕场景"的特质，在发展过程中，逐步形成了"一大一小"的业务发展特色。

邮储银行具有"大行"的科技优势与资源禀赋，积极发挥普惠金融服务头雁作用。作为国家金融体系的重要组成部分，邮储银行作为国有大型商业银行在贯彻落实国家大政方针、支持实体经济发展方面具有天然优势，六家国有大型银行普惠小微贷款占比由2019年末的28%增加至2023年末的40%。同时，邮储银行与政府部门、其他金融机构等形成协同效应，共同推动普惠金融服务创新。此外，邮储银行近年来积极拥抱数字化转型的趋势，加大金融科技的投入，以数字金融赋能业务发展各个环节，有效降低了运营成本和风险成本，推动实现业务的可持续发展，2023年邮储银行信息科技投入113亿元，同比增长5.88%，占营业收入比重较上年持续提升。邮储银行持续打造普惠小微数字化营销体系、产品体系、风控体系、运营模式和服务方式，我们总结为"5D（Digital）"数智化体系。在产品方面，邮储银行基于"互联网+大数据"，打造小微易贷、极速贷等线上系列融资产品，满足小微客户多场景金融需求。在智能化风控体系方面，通过"客户画像＋模型规则＋风控策略＋自动预警"智能风控体系，实现智能决策与智能管控。除了自身的数字化转型外，邮储银行致力向广大中小企业输出数字化转型技术，推出面向中小企业经营管理场景的企业金融云平台"邮储易企营"，为中小企业提供全面的金融解决方案，涵盖易财税、易薪酬、易经营、易发票、易费控、易办公在内的六大数智场景，推动提升企业数字化水平，切实助力企业发展。

此外，邮储银行用心用情服务普惠小微客户，拥有"小行"相似的"服务下沉"与"深耕场景"的特质。依托中国银行业独一无二的"自营＋代理"的模式，邮储银行建立了一张下沉足够深、覆盖足够广的服务网络，近4万个营业网点覆盖了我国约99%的县（市），其中70%在县及县以下地区，邮储银行已成为不少偏远地区获取现代银行服务、打通金融服务"最后一公里"的主要银行。如甘南州玛曲县位于甘肃省"离天最近"的地方，平均海拔3800米，邮储银行甘南州分行的客户经理克服高寒缺氧、道路不便、信号不畅等各种困难，把普惠金融服务送到乡村振兴的最前沿，入户走访牧民牛产业发展情况，在2023年12月至2024年1月期间，共收集到3个行政村、100余户牧民的申请资料，为村民成功发放信用户贷款近1000万元。此外，邮储银行深耕县域特色产业，支持地方经济蓬勃发展。围绕"一县一业、一村一品"特色产业，采取"线上化＋数字化"方式，为特色产业"一对一"制定专属服务方案，并根据产业特点匹配额度、利率、还款方式等贷款要素，特色产业客群服务模式创新花开各地。截至2023年末，邮储银行累计为超300个特色产业、超400个商圈市场制定专属业务方案，与超80个核心企业达成产业链合作。

在发展的过程中，邮储银行形成了"一大一小"的普惠业务特色。一方面，普惠金融占比大，投放到普惠领域的信贷资源不断增加，截至2024年6月末，我行普惠小微贷款结余在全行各项贷款中的占比超过18%，占比持续提升，居国有大行前列；另一方面，普惠小微户均贷款金额小，服务客户更加下沉，目前，邮储银行普惠小微贷款单户金额仅70多万元，远低于国有大型商业银行户均贷款金额，更加聚焦下沉市场小微客群。

（三）普惠小微企业贷款实现增量扩面、提质降本

十七年来，邮储银行加大服务创新和数字化转型力度，以实体网络延伸普惠服务的触角，加快以金融科技破解发展的难题，通过"线上+线下"协同，形成了独具特色的可持续发展之路，实现了增量、扩面、提质、增效。"十四五"以来，邮储银行普惠小微贷款累计投放4.77万亿元，截至2024年6月末，普惠小微贷款余额1.59万亿元，户数近220万户；资产质量稳定向好，不良率较2019年末下降近1个百分点；普惠型小微企业综合融资成本持续下降。普惠型小微企业贷款余额和增量在各项贷款中的比重持续上升，始终位居同业前列。

十七年来，邮储银行普惠金融服务也得到监管机构及社会各界的广泛认可。2013年被中国银监会授予2012年度小微企业金融服务表现突出的银行；2015年小企业金融部荣获银监会颁发的"全国银行业金融机构服务小微企业优秀团队奖"。2019—2020年连续两年被中国银行业协会授予"最佳普惠金融成效奖"。2021—2023年连续三年在小微企业金融服务监管评价中获评一级。2023年在中小企业金融论坛（SME Finance Forum）颁发的"全球中小企业金融奖"中获评"年度中小企业金融机构奖—亚洲区银奖""产品创新奖—荣誉奖"。

三、坚持守正创新，打造普惠金融综合服务商

邮储银行认真落实中央金融工作会议提出的"五篇大文章"要求，始终坚持以客户为中心，以客户需求为出发点和落脚点，聚焦"三农"、中小企业和城乡居民三类重点客群，深化主办行客户服务，提供高质量的综合服务，全面满足人民群众和实体经济多样化的金融与非金融需求，做好金融服务乡村振兴、小微企业、城乡居民主力军。同时，在邮政集团层面整合资源、搭建生态，发挥协同和数智化两大优势，围绕产业链、供应链，创新"链"式金融服务，发挥中邮保险、中邮证券等金融多牌照优势，把普惠金融打造成为邮储最大的特色、最突出的优势，形成邮储银行普惠金融服务模式及特色品牌，加快打造普惠金融综合服务商。

（一）探索邮储特色普惠金融之路

1.构建普惠金融长效机制体制

完善的体制机制是确保普惠金融稳定发展的基石。邮储银行持续强化长效机制建设，不断完善顶层设计，加强资源保障和政策倾斜，打造一支过硬的普惠金融专业化队伍，引领全行加大对实体经济重点领域与薄弱环节的融资支持，持续提升普惠金融服务质效。

一是持续完善顶层设计。2021年4月，邮储银行在董事会战略规划委员会工作规则中增加普惠金融相关职责，负责审议普惠金融业务发展规划、重大管理制度及其他重大事项，充分发挥董事会及董事会专门委员会在贯彻落实党中央重大决策部署中的重要作用。2021年12月，启动普惠金融事业部建设，将总行、一级分行、二级分行小企业金融部调整为普惠金融事业部（小企业金融部），各级普惠金融事业部负责牵头推动本级行普惠金融业务发展，进一步强化普惠金融战略定位和战略传导，切实提高内生发展

动力。同时，在总行、一级分行和二级分行成立乡村振兴及普惠金融管理委员会，统筹推进乡村振兴及普惠金融业务发展。邮储银行已形成以董事会战略规划委员会为引领，乡村振兴及普惠金融管理委员会为统筹，普惠金融事业部和三农金融事业部为主体，邮银协同、总分联动、母子合力的普惠金融服务体系。

二是加强资源保障和政策倾斜。设立"两小"贷款（小额贷款、小企业贷款）专项信贷额度，并全额满足"两小"和消费等普惠金融重点领域的信贷需求。在一级分行经营管理绩效考核办法中，设置普惠小微贷款，以及首贷户、信用贷款、中长期贷款等结构性考核指标，提高普惠金融指标分值占比，引导分行加大信贷投放力度、优化信贷结构。对普惠小微贷款、普惠型涉农贷款、精准扶贫贷款、脱贫人口小额信贷业务等给予内部资金转移定价（FTP）优惠。设置小微金融专项奖励费用，鼓励分行持续加大普惠型小微企业贷款投放力度。制定专门的中小微企业重点行业授信政策指引，完善小企业审查审批技术，持续提升小企业贷款审查审批质效。优化尽职免责管理制度体系，细化尽职免责管理要求，将尽职免责与不良容忍度相结合，保障基层员工"敢贷愿贷"的积极性。

三是持续加强队伍建设。邮储银行打造了一支作风过硬、素质优良的普惠金融服务专业队伍，全行小微客户经理数量超过2.4万人，线上线下相融合，为小微客户提供有温度的贴心服务，2022年以来在农村地区增配1500名管村客户经理。在网点设置普惠服务代表，辅助客户经理开展客户对接服务，全面触达小微企业客户，截至2024年6月末，全行普惠服务代表在册人数超9000人，自营网点覆盖率超90%。

2.创新搭建数字普惠金融服务"5D（Digital）"体系

邮储银行顺应数字化转型趋势，在普惠金融领域搭建小微企业金融服务数字化转型"5D（Digital）"体系，即数字化营销体系、数字化产品体系、数字化风控体系、数字化运营体系和数字化服务体系。依托独具特色的数字普惠金融体系，邮储银行在数字化转型过程中取得了积极的成效。

一是搭建数字化营销新体系。邮储银行持续深化"线上渠道无人营销+远程银行空中营销+线下网点网格营销"相结合的普惠金融立体式营销体系。通过企业手机银行智能弹窗、智能推送等"千企千面"触达客户，扩展普惠金融服务半径；开展远程银行人工、智能服务，为客户提供7×24小时持续在线陪伴；在自营网点广泛设置普惠服务代表，全行普惠服务代表超过9000人，上线投产"普惠营销地图"数字化工具，推广应用"客户清单靶向法""数字网格靶向法"等靶向方法，固化服务流程规范，提升服务质效，将普惠金融活水输送至"最后一公里"，为小微企业提供有温度的专业服务。如邮储银行河北省分行打造了"智汇营"网格服务管理系统，作为一款终端综合化管理工具，"智汇营"系统以客户为单位构建服务档案，开展客户画像，并结合全省产业政策与企业经营情况形成靶向"客户清单"。系统基于企业分布情况将每个县市区划分为多个网格，由支行行长担任网格长，开展网格企业精准服务，全面触达辖内客户。

二是创新多元场景数字化产品。基于"互联网+大数据"，打造小微易贷、极速贷等线上系列融资产品，满足小微客户多场景金融需求。近年来，邮储银行小企业线上融资产品小微易贷开展场景化转型工作，通过与平台类、企业类、政务类等外部合作机构的合作对接，实现批量获客、场景获客。例如，邮储银行接入全国各地税务、政采、海关、科技等数据，打通同核心企业、工业互联网平台的数据接口，与近百家地市的政务平台实现信用信息共享，不断创新推出各类数据产品及服务。又如，邮储银行通过与核心企业系统直连，基于核心企业与其上下游历史交易数据，将融资服务嵌入小微企业采购、销售的具体场景中，明确客户资金用途及还款来源。截至2023年末，我行普惠型小微企业中，线上贷款为主力，结余占比超过80%。

三是强化数字化风控体系。持续提升智能风控水平，通过贷前数字化画像、贷中集约化审批、贷后集约化管理，进一步实现了风险的全流程闭环管理。贷前构建客户数字化画像，实现数据全方位画像及自动风险提示，优化准入风控策略，提升审批精准度。贷中推行集约化审批，以数据驱动为基础，辅助专家经验判断，打造"系统自动审批、中台集中审核"双轮驱动的集约化审批模式。贷后实现集约化管理，构建智能风控模型，及时预警指标异动，并进行风险集中排查和处置，有效提升风控精准度。对于实质性风险客户，一户一策制定风险处置措施；并及时进行回检，提炼风险特征，完善智能风控模型。2023年末，邮储银行普惠小微贷款不良率较2022年末下降0.07个百分点。

四是升级数字化运营模式。打造数智工厂运营体系，按照作业模式，建立小企业金融数智工厂三大作业车间五大作业流水线。推动建立数智工厂运营体系，拟定统一的制度流程、合同单式，推动流程自动化、全程无纸化、生产批量化。建立数智工厂运营监测体系，从关键岗位、关键流程节点、关键机构、数智化作业工具运用成效等角度，建立数智工厂全流程业务时效监测机制。全面推动无纸化作业工具。上线推广小企业授信业务"数据授权""调查引擎""移动展业""合同机打""邮银信使""移动审批"及"审查辅助决策模型"等数字化工具的应用，提升客户经理作业效果。

五是优化数字化服务方式。聚焦小微客户的进销存、人财物等生产经营场景数字化转型需求，邮储银行推出"邮储易企营"企业一站式数字化管理平台，依托金融科技赋能，以服务整合与开放能力为载体，助力企业实现"人""财""事"数字化管理，为企业提供税务、发票、ERP、OA、人事、个税、薪酬、费控、报销、代发等服务，通过提供"金融+场景"的一揽子数字化综合服务，助力企业降本增效。如邮储银行山东省聊城市分行充分利用"邮储易企营"平台中"易薪酬""易办公"和"易费控"功能，为某工程施工企业提供专属解决方案。该企业使用平台后，管理质效得到极大提升：一方面，各地工程实现了全面集中化、线上化管理，员工入职、考勤、工资发放均线上操作，数据自动汇总，省去中间人工环节，管理效率提升约80%，其中工资条发放时间从半天缩短至10分钟，员工信息统计效率从3分钟/人优化到30秒/人；另一方面，审批流程规范更加完善，审批节点可自由设置且自动留痕，管理流程得到完善优化。

3.深耕科技金融及产业金融等重点领域

一是聚焦新质生产力开辟新赛道。为推进科技金融生力军战略，邮储银行构建"专""精""特""新"四措并举的综合服务策略，为科技企业提供高质量金融服务。打造专业化的机构和队伍。设立涵盖总行、一级分行、二级分行及2000余家支行的四级科技金融服务体系。首批建立30家科技金融专业服务机构，配备高水平科创专职客户经理。构建精细化的服务与风控。不断强化科技赋能，研发客户精准服务模型。围绕高新技术企业、科技型中小企业、专精特新企业，以园区、产业链为抓手，打造"3+2"科技金融特色模式。建立涵盖评级模型、授信政策、审查审批、风险监控等环节的数字化风控体系，形成"看未来"评价方法，针对科技型企业建立"技术流"评价体系，赋能投早、投小，解决了此前科技型企业面临的"准入难""测额难""授信难"等问题。如邮储银行上海市分行应用"技术流"评价体系，于2024年5月成功落地首笔业务，为某科技企业发放了首笔流动资金贷款，还匹配了财司票据、商业承兑汇票等贸易融资、结算类产品，满足企业在高速发展过程中的各类金融需求，帮助高成长型科技型企业不断成长壮大。强化特色化的产品与服务。打造"U益创"科技金融服务品牌，满足科创客群在资金融通、资本运作、支付结算、财富管理、智库咨询等方面的服务需求。搭建新型业务运营模式。以数智工厂模式构建服务客户快速通道。通过科技赋能、数字运营、流程再造的数智工厂，实现了自动风控、自动派单、自动重检、自动报告，高效响应客户融资需求。以数字画像打造集约化运营体系，通过大数据模型形成全面的数字画像，实现数据驱动的集中作业模式。截至2024年6月末，全行服务科技型企业近8万户，融资余额突破4000亿元，同比增幅超过40%，邮储银行专精特新及科技型中小企业贷款增速在国有大行处于领先位置，专业能力持续提升。

二是以金融力量助力产业链延伸开发。为解决传统产业链金融必须占用核心企业授信、严重依赖核心企业的痛点问题，邮储银行利用产业链上下游交易行为的数据风控，替代中小企业对传统核心企业授信依赖，独立评估产业链小微企业信用风险状况。邮储银行创新设计了基于"去核心化"的产业链小微企业融资新产品——"产业e贷"，并创新打造分支机构协同作业和"一点做全国"的双作业模式。通过链式开发，邮储银行实现了上下游企业的快速批量精准服务，快速切入通信、化工、工程、电子、水泥、医疗等多个产业链小微企业交易场景，目前合作产业平台已超100家。如邮储银行深圳分行携手优合集团有限公司，共同探索"冷链+"金融服务创新模式。通过优合集团网络优势，对其下游经销商在真实贸易中的商流、物流、信息流和资金流等数据进行分析与验证，为其量身打造产业链场景金融服务平台，解决链上涉农企业融资难题。优合集团前端系统可实现与邮储银行小微易贷业务系统的快速交互，为链上涉农企业信息提供安全高效的闭环保障。自首笔业务落地以来，深圳分行累计为优合链上企业放款近2000笔，放款金额达6.52亿元。

4.构建客户全生命周期服务新机制

面对中小微企业成长的综合需求，邮储银行致力于打造为客户的贴心"主办行"，从单一贷款供给行向"信贷+"综合服务模式转变，围绕企业经营场景，提供综合融资、支付结算、财富管理等全方位服务，主动为中小微企业提供全方位的数字化解决方案。

一是深化客户全生命周期及精细化管理，打造"信贷+"综合服务模式。聚焦客户与邮储银行合作的全流程，构建客户营销、客户服务、客户退出的全程一站式服务体系。客户营销方面，构建"线上+线下+远程"营销体系客户营销服务体系，实现精准获客、触客、访客。客户服务方面，以客户为中心，为客户提供授信及非授信全方位服务，争做客户的贴心"主办行"；构建以客户经理为中心，产品经理、理财经理、风险经理、科技等多岗位人员组成的"1+N"服务团组，集中各个条线力量为客户提供个性化、定制化的服务方案。客户退出方面，建立客户流失预警与挽留机制，多策并举留住优质客户。

二是聚焦客户生产经营场景的非金融需求，构建"场景+金融"一体化服务体系。针对中小微企业数字化运营水平较低，经营管理与财务管理分割严重，内部运营效率低下等痛点问题，邮储银行推出"邮储易企营"综合金融服务平台。"邮储易企营"能为中小微企业一站式提供财税管理、薪酬管理、进销存管理、发票管理、费控报销管理、办公管理六大场景应用，并匹配一键报税、智能取票、在线开票、自定义审批等智能化体验，通过数据共享、信息互通，助力企业数字化转型，有效提升企业工作效率。自问世以来，易企营获得客户普遍好评，截至2024年6月末，"邮储易企营"开通客户数达4.3万户，本年净增4万户。依托"邮储易企营"，邮储银行发挥国有大行的科技优势，主动输出数字化转型技术，积极参与各地中小企业数字化转型试点工作，邮储银行海南省分行、四川省分行和山东省分行相继入围当地中小企业数字化转型服务商，后续将持续参与当地中小企业数字化转型工作。

5.凝聚政企研多方力量建立良好品牌形象

2021年5月8日，邮储银行联合工信部、中国人民大学共同成立"国家中小企业研究院"。研究院由三方共同管理，是全国首家凝聚"政""企""研"等社会各界多方力量共同打造的中小企业研究国家一流高端智库，积极开展政策研究、学术交流、人才培训、指数编发解读等工作，建立良好的普惠金融服务品牌形象。

一是深化小微领域专业研究。2021年以来，国家中小企业研究院共编制咨政内参55期，向国务院、相关部委报送研究成果，为政策制定提供专业参考；支持11项课题研究，推动完善普惠金融、科技金融等理论及政策体系。

二是搭建产学研专业交流平台。2019年至2023年分别以"赋能小微企业　促进经济发展""助力小微经济　提升发展质效""促进中小微企业创新发展""金融提质助力中小企业高质量发展"为主题，成功举办四届小微经济发展论坛，发布并出版《中国小微经济发展研究报告》系列研究报告，为赋能中小微企业转型发展提供更多理论支撑和实践参考。

三是持续编发小微企业运行指数。邮储银行与经济日报社联合发布的"经济日报—中国邮政储蓄银行小微企业运行指数"自2015年5月发布以来，截至2024年6月末，已连续编制超过9年共110期，构造了"六区域+七行业+八分项"的三维指标体系[①]，全方位反映小微企业运行态势，能够科学、及时地监测小微企业的生存发展状况，让社会各界更直观地把握小微企业经济运行"脉搏"，为国家相关政策制定和产业规划提供积极的参考。

四是推动小微金融研究成果惠及广泛普惠客群。举办"助力小微　邮

---

① 六个区域指数包括东北、华北、华东、西北、中南、西南六个区域分项指数。七个行业指数包括制造业、批发零售业、建筑业、服务业、交通运输业、住宿餐饮业、农林牧渔业等行业指数，全面覆盖小微企业集中的主要行业。八个分项指标包括市场指标、绩效指标、扩张指标、采购指标、风险指标、融资指标、信心指标、成本指标，充分考虑了小微企业生产经营的各方面，全方位、直观、定量、及时地反映小微企业在采购、生产、销售、扩张、融资等全过程的运行态势。

储同行"系列培训活动，面向中小企业提供财税政策、科技型企业评价、节能诊断等专项讲解服务，累计覆盖超过1万人次，取得了积极广泛的社会反响。

（二）困难与挑战

一是商业可持续性受到挑战。随着普惠金融的高速发展，当前普惠金融服务覆盖率、可得性、满意度不断提高，普惠金融服务供给充分。但当前受宏观环境影响，小微企业、农户等普惠主体有效需求不足，风险逐渐暴露，随着风险成本的上升，净息差不断收窄，普惠金融的商业可持续性受到挑战。普惠金融的主要目标是为小微企业、"三农"等群体提供可负担的金融服务，可负担、可持续、满足主体金融需求才是最终目标。在未来发展的过程中，一方面，商业银行应当思考如何更加高效地为普惠小微客群提供满足其需求的金融服务，包括各类金融和非金融的服务等；另一方面，要进一步提升普惠服务的覆盖面和质量，结合客户群体的风险等级，进行合意公平的定价，确保普惠金融服务的商业可持续性。

二是数据壁垒和信息孤岛的问题仍然存在。普惠金融与数字金融的融合是行业发展的必然趋势，但数据壁垒和信息孤岛问题却成为制约这一进程重要因素。例如，小微企业的部分数据存在非标准化的问题，商业银行在接入数据时，存在不同省份、不同机构之间的部分数据标准不统一、要求不一致的问题，数据难以有效流通和共享。由于各省之间的数据标准、传输方式及更新频率存在差异，加大了数据共享难度。标准不一致使得整合和分析数据时效率降低、数据时效性下降，从而影响银行对数据的应用效率及效果。如何充分利用现有资源，实现数据更加高效、便捷、安全共享，提升金融机构对接效率，降低对接成本及难度，仍是一个有待解决的问题。

（三）下一步思考

党的二十大报告提出，坚持以人民为中心的发展思想，维护人民根本利益，增进民生福祉。党的二十届三中全会强调，要"积极发展科技金融、绿色金融、普惠金融、养老金融、数字金融，加强对重大战略、重点领域、薄弱环节的优质金融服务"。近年来，小微企业、"三农"等领域的金融支持力度持续提升，我国普惠金融发展进步显著，金融服务覆盖率、可得性、满意度不断提高。当前，普惠金融的发展目标已从"有没有"转变为"好不好""强不强"。如何实现普惠金融的可持续性，满足新形势下普惠客群细分金融需求，推动普惠金融高质量发展将是下一阶段普惠金融的重要议题。下一步，邮储银行将积极践行服务实体经济的职责使命，坚持服务乡村振兴主力军、普惠金融综合服务商、科技金融生力军的目标定位，把普惠金融打造为邮储银行的差异化竞争优势，推动五篇大文章融合发展，进一步提升普惠金融的便捷性、可得性和精准性，推动普惠金融实现商业可持续。

一是运用系统观念，推动五篇大文章融合发展。五篇大文章覆盖经济社会发展的重点领域，构建起有机的系统，要促进五篇大文章深度融合，互相促进。推动普惠金融与科技金融融合发展，基于科技企业发展的全生命周期，配套提供完善的产品工具箱，针对科技企业面临的融资需求大但抵押物少的问题，加强创新产品研发优化。深化数字金融与普惠金融融合，利用数字科技赋能，进一步打造"产品数字化、场景线上化"的模式，满足企业在不同场景下的金融需求。促进绿色普惠金融发展，以普惠主体的绿色行为为对象，聚焦绿色制造、环境改善、资源节约高效利用等重点绿色领域，加大金融支持力度，解决"绿而不普""普而不绿"的难题。

二是提高普惠金融的精准性，创新客户服务新模式。在当前普惠金融服务供给日益充分的情况下，找准市场缝隙，构建长效机制，是实现竞争破局的关键所在。要瞄准市场需求，发挥创新机制作用，总分行联动创新产品、优化政策，研究发掘各地的缝隙和机会，深入了解区域产业结构、经济特色、地方政策，匹配相适应的支撑政策，以提升服务的精准性。围绕客户实际需求，持续构建"信贷+"服务模式，精准探查客户痛点，以客户为中心提供定制化的综合金融方案和产品方案，为客户提供差异化、精准化金融服务，如日常结算、财务咨询、投资理财等综合服务，增强客户金融服务获得感。针对小微企业生命周期不同阶段、不同细分场景下的需求提供适配的金融产品，探索多样化、一揽子服务方案，以金融资源助力小微企业穿越周期，成长壮大。

三是立足自身资源禀赋，促进线上线下均衡发展。邮储银行既有"大行"的科技优势与资源禀赋，也有同"小行"相似的"服务下沉"与"深耕场景"的特质。在顺应数字化、线上化的发展浪潮过程中，邮储银行将始终牢记服务"三农"、城乡居民和中小企业的使命担当，以线上做产品、做平台，不断优化迭代小微线上产品，升级作业及运营流程，打造综合金融服务平台，提升普惠金融服务的便捷性和可得性。同时，以线下做服务、做品牌，依托遍布县域的服务网络，围绕百强县、千强镇等重点县域，聚焦国家区域发展战略、产业转移重大机遇，深耕县域市场，结合本地特色优势支持县域经济发展，加快普惠金融业务下沉；通过物理网点、线下活动和贴心服务等，提升普惠金融覆盖度，为把普惠金融打造成为邮储银行最大的特色、最突出的优势而不断奋进。

坚守政策性与效益性相统一发展普惠金融

——以国内政策性银行实践为例

李小庆

  随着金融供给侧结构性改革向纵深拓展，大力发展普惠金融是推进金融业持续均衡发展、增进社会公平、实现服务均等的重要途径。政策性金融是执行国家意图的重要金融制度安排，其和普惠金融的定位目标高度契合、价值理念高度融合、服务领域高度重合。政策性银行紧紧把握金融工作的政治性、人民性，坚持突出社会效益，充分发挥规模、产品、定价等方面的优势，坚持融资融情，发挥专业特长，树立敢贷的导向，强化价值取向，释放愿贷的意愿，完善能贷的机制，打造会贷的平台，提升智贷的能力，聚焦服务小微企业、乡村振兴、重点区域、民生领域和绿色发展，聚力解决好金融供给服务不充分、覆盖不均衡、触角不到位等问题，促使金融"活水"源源不断直抵普惠客群，丰富中国特色普惠金融内涵，彰显政策性金融价值。

李小庆，中国农业发展银行总行信息科技部副总经理兼数据管理部总经理。

金秋十月，正是丰收的季节，新疆多地棉花进入采收季，放眼望去，盛开的棉花迎风飞舞，洁白的花朵像皑皑白雪铺满广袤的大地，棉农心里充满丰产丰收的喜悦和致富的期待。农发行作为我国唯一的农业政策性银行，践行"支农为国，立行为民"的使命，以服务"三农"需求为己任，想棉农之所想，急棉农之所急，开展"互联网+棉花收购+农户（含脱贫户）"线上服务模式，充分应用好网银、银企直联、"速汇通"棉花批量收购快捷工具等渠道，直接向棉农支付棉花收购结算资金，打通资金支付"最后一公里"，广大棉农"棉出手、钱到手"，脸上洋溢着幸福的笑容①。政策性金融机构正是这样一支开展普惠金融服务的重要力量，它是国家重要制度性安排，其经营目标、价值理念、服务领域和普惠金融内涵实质高度一致，通过聚焦服务小微企业、重点区域和弱势群体，为小微企业发展纾困，为低收入群体解难，推动区域协调发展，全力服务乡村振兴，解决深层次金融服务不平衡不充分的矛盾，有效调节市场失灵，进一步支持稳增长、调结构、惠民生，充分做好普惠金融这篇大文章，推进经济社会高质量发展。

一、政策性银行发展普惠金融的主要思路和价值遵循

政策性银行积极贯彻国家政策，坚持政策性与效益性相统一，遵循执行国家意志、坚持人民至上、发挥先导作用、服务实体经济、培育信用环境、遵循银行规律等价值追求，建立健全发展普惠金融的体制机制，面向普惠客户需求场景构建普惠金融服务和产品体系，加强先行投入，引领带动商业性金融机构开展普惠金融服务，形成示范效应，聚力解决好普惠领

---

① 钟尚航. 普惠金融保驾护航　确保粮棉顺利归仓. 中国农业发展银行网站，2024-04-15.

域金融供给服务不充分、覆盖不均衡、触角不到位等问题，服务好经济社会短板领域和强位弱势群体。①

（一）政策性银行发展普惠金融的主要思路

政策性银行发展普惠金融的主要思路是坚定执行国家政策，引领培育创新，融商融情融智，面向普惠客户需求场景构建普惠金融产品体系，全面塑造普惠金融服务流程和服务能力，将金融服务覆盖到小微企业和弱势群体，实现精准化获客、智慧化服务、迅捷化触达和一致化体验，提升普惠金融服务的精准性、可获得性和覆盖率。同时发挥政策优势，注重数字技术赋能，从信息端、信用端和服务端进行切入并提供助力，简化融资流程，减少抵质押物要求，降低金融服务门槛，实现"分秒级"贷款、"一站式"服务和"数智化"风控，持续拓展政策性金融服务的广度和深度，建立机会均等、惠及民生的现代普惠金融服务体系，为普惠金融发展注入新的动能。

（二）政策性银行发展普惠金融的价值遵循

执行国家意志。政策性银行自觉主动执行国家战略和意志，完整、准确、全面贯彻新发展理念，发挥政策性金融功能作用，建立健全政策性银行推进普惠金融高质量发展体系，优化融资机制，聚合资源服务普惠金融领域，将政策性资金配置到需要支持的领域和扶持的群体，支持小微企业、涉农企业等市场主体做大做强，带动农民、城镇等低收入人群的增收致富，充分体现政策性金融的社会公益性，促进普惠金融蓬勃发展。

---

① 中国农业发展银行课题组. 中国农业政策性银行导论［M］. 北京：中国金融出版社. 2022：1-62.

坚持人民至上。政策性银行紧紧把握金融工作的政治性、人民性，践行以人民为中心的发展思想，坚守政策性金融的初心使命和职责担当，厚植为民情怀，合理地利用市场经济的组织形式来实现公共利益目标，聚力解决好普惠领域金融供给服务不充分、覆盖不均衡、触角不到位等问题，服务好经济社会短板领域和强位弱势群体，不断增进人民福祉，补齐民生短板，实现社会效益最大化。

发挥先导作用。政策性银行聚焦深化金融供给侧结构性改革，发挥先行先导作用，有效缓解商业性金融支持不足，弥补市场失灵。通过先行投入，建立敢贷的导向，释放愿贷的意愿，完善能贷的机制，着力解决小微企业、涉农企业等资金资产短缺甚至无米之炊的问题。强化引领示范，加大对新业态、新模式、新主体的金融支持力度，推动大众创业、万众创新，不断提高金融的覆盖率、获得性和满意度。

实行精准服务。政策性银行平衡好政策性目标和市场化运作之间的关系，促进"有为政府"与"有效市场"有机结合，构建发展普惠金融机制，优化新模式，拓展新渠道，打造新产品，建设新生态，打通政策性金融服务进入远端末梢最后"一公里"，支持引导金融资源更多流向实体经济领域，精准服务小微企业、涉农企业、新型农业经营主体等，以资金链为依托，推动产业链供应链向小微企业等延伸，为经济社会薄弱环节提供"金融活水"。

培育信用环境。政策性银行发挥逆周期、跨周期调节作用，加大对经济社会薄弱环节的支持力度，熨平市场波动程度，弥补市场机制不足，改善金融基础设施，促使信用环境提升，融资风险降低，盈利能力增高，有效支持商业性金融和社会资本更多进入普惠金融领域，降低或者缓解金融供给不足，推进普惠金融体系更加健全，普惠金融服务更加均衡。

遵循银行规律。政策性银行本质是银行，必须将遵循银行规律作为可持续发展的基础逻辑，建立执行国家意志、遵循银行规律和满足有效需求的三位一体的运转机制，通过市场化的运作和专业化的管理，确保政策性资金的安全使用、风险可控和财务可持续，坚持资金的安全性、流动性和效益性相统一，守住不发生重大金融风险的安全底线，持续探索创新服务方式方法、途径，有效发展普惠金融。

二、坚守政策性与效益性相统一，丰富中国特色普惠金融内涵

政策性银行积极主动执行国家的政策要求，坚持社会效益优先，将政策性金融所能和国家所需、人民所盼充分结合，基于市场机制的逆向选择，在金融领域率先树立敢贷的导向，释放愿贷的意愿，完善能贷的机制，打造会贷的平台，提升智贷的能力，拓展普惠金融服务半径、范围和深度，不断提升普惠金融服务触达程度，推动更多金融资源高效配置到普惠金融领域。

（一）突出社会效益，树立敢贷的导向

政策性银行积极主动执行国家的政策要求，坚持社会效益优先，将政策性金融所能和国家所需、人民所盼充分结合，基于市场机制的逆向选择，在风险成本高、信用环境不完善、市场主体信息不完整的情况下，商业性金融未能充分进入的情况下，树立敢贷的导向，通过开展首贷、信用贷和续贷，将信贷资金配给普惠领域和群体，增强市场微观主体信心和发展动能。根据国家政策导向和普惠客群需求，强化普惠金融产品和服务的供给，主动形成先导性金融支持力量，引领带动商业性金融机构进入普惠金融领域，充分补充商业性金融机构风险因素不确定等场景下惜贷、惧贷造成的金融供给缺位或失位，推动形成政策性银行和商业性银行相辅相成、水乳

交融开展普惠金融服务的局面。

（二）强化价值取向，释放愿贷的意愿

政策性银行坚守社会责任，厚植为民情怀，坚持以人民为中心的价值取向，兼顾政策性和市场性的统一，发挥当先导、补短板、逆周期的作用，持续优化普惠金融服务模式，在发展战略、融资政策、经营机制、绩效导向等做出有利于发展普惠金融的系列安排，充分聚焦经济社会领域的短板和弱项开展金融服务。在实践中加强普惠融资需求的前瞻性预测，丰富普惠金融产品体系，改善普惠金融供给结构，充分释放支持普惠群体的主动性和积极性，主动投入政策性金融资金，落实优惠便利的金融服务，完善和优化融资环境，推动经济社会短板领域的补齐和薄弱环节的提升，彰显政策性金融担当，实现政策性银行作为。

（三）发挥专业特长，完善能贷的机制

充分发挥政策性银行长期深耕"两基一支""三农"和外贸等领域客户基础和专业特长，深入分析普惠客群的需求和特点，洞察客户的行为习惯和消费偏好，根据不同的领域、地域和场景进行精细分析，体现政策性金融信贷资金期限较长、规模较大、供给充足和具有一定的风险宽容度等特点，设计契合普惠客群需求的信贷服务流程和标准，在评级授信、规模期限、资金定价、担保条件、风险容忍等方面充分给予信贷政策倾斜，建立健全能贷的机制，加强信贷资金投放力度。加强和商业性金融机构合作，用好批发资金转贷模式，通过商业银行广泛分布的网点将政策性金融的政策优势、资金优势、价格优势充分体现出来，促进政策性金融资金精准抵达普惠客群。

（四）坚持融资融情，打造会贷的平台

政策性银行积极推动构建政策性金融服务生态，开展银政、银保、银担等多方合作，支持构建普惠金融数字化服务平台，协同政府建立利益补偿机制，加强信用信息共建共享，推动生产要素流转融资，以优惠条件支持交易成本较高和信息不对称的强势弱位领域、产业和群体。积极发展产业链供应链金融，推动产业链供应链上下游企业建立利益连接机制，拓宽小微企业、涉农企业抵质押物范围，引导将链主信用转化小微企业的信用，基于真实交易关系开展贸易融资。政策性银行主导推动商机洽谈、贸易对接、交易撮合和咨询服务，在融资的同时，做到融情融商融智，支持产业链、供应链和价值链三链融合发展，源源不竭为小微企业、涉农企业等注入发展源泉。

（五）践行至诚服务，提升智贷的能力

政策性银行践行至诚服务理念，丰富对客服务模式，将政策性金融服务和普惠金融需求有机结合，进行客户精细画像，从可得性、覆盖率、易用性设计普惠金融产品。深度挖掘数据价值，降低对抵质押物的要求，根据需求匹配度、场景适应性建立普惠客户准入、评级、授信等模型，推动线上快贷、智贷，提供一站式、自助化、智能化的服务，提高金融服务的快捷程度。不断优化服务模式，坚持场景化服务，加强线上线下融合，拓展线下合作空间，加强和不动产登记、知识产权等机构和第三方交易平台的互联互通，实现不同渠道间融会贯通、流程协同，形成批量化、标准化、智能化普惠金融服务模式，持续拓展提升普惠金融服务能力。

三、聚焦重点领域进行突破，彰显政策性金融的价值

强化政策性金融职能作用，发挥政策性金融服务专业优势，遵循银行客观规律，不断提升运用市场手段执行国家意志的能力，促进政策性目标和市场化运作有机统一，充分发挥政策性金融规模、产品、定价等方面的优势，聚焦服务小微企业、乡村振兴、重点区域、民生领域和绿色发展。

（一）聚焦服务小微企业，缓解融资难、融资贵问题

政策性银行实施小微企业服务能力提升工程，建立专项信贷服务体系，充分分析小微企业的实际经营情况，降低对企业资产、销售额、利润等经营指标的要求，突出无形资产价值，探索利用知识产权、股权、应收账款进行质押，创新设计无形资产质押等贷款产品，降低小微企业综合融资成本。开展产业链供应链金融创新，基于票据、订单、仓单和应收账款等开展"产业链+"融资，全力发展小微智贷、小微快贷业务，创新独立法人贷模式，持续向小微企业提供智慧化、场景化和生态化的金融服务。基于可信数据对普惠客群进行精细刻画和分析评估，设计信用保证贷款、贸易融资等信贷产品，实现多层次的金融服务，充分满足小微企业的"短、频、急"的融资需求，提升小微企业融资的可获得性，支持小微企业蓬勃发展。

政策性银行推行转贷款模式，发挥自身的资金规模优势和商业性金融机构网点分布广、服务渠道多等优势，将政策性金融资金通过合作商业银行进行转贷，精准投放到需要支持的领域，加大对战略性新兴产业、现代制造业、专精特新等小微企业的金融服务覆盖和力度。

国开行宁波市分行累计与11家地方法人金融机构开展转贷款业务合作，包括3家城商行和8家农合机构，充分发挥国开行大额批发资金优势和中小

银行服务网点及人员优势，主导建立定期沟通协商和日常联络机制，加强转贷款资金的流向、用途、额度、期限、定价等方面的有效监测，确保转贷款资金流向宁波重点领域小微企业，截至2024年6月，国开行宁波市分行累计发放转贷款608亿元，惠及小微企业6万余户（次），持续纾解小微企业融资难、融资贵难题①。

（二）聚焦服务乡村振兴，推动一二三产业融合发展

政策性银行聚焦乡村振兴领域，担当金融支农先锋主力。发挥粮食收购资金支持主渠道作用，根据区域、季节对收购资金需求进行合理预测，坚持"钱随粮走、购贷销还"，合理把握贷款发放节奏，稳定市场化收购价格，确保牢牢端稳粮食饭碗。支持优化农业结构，种养结合、农牧结合、农林结合，大力发展科技农业、循环农业、绿色农业，实现农业可持续性发展。

在浙江省缙云县，农户们正在某农业科技有限公司的田间地垄上挥汗如雨、辛勤劳作，该公司借助浙江大学技术优势，其在种苗研发组培、种植、农产品加工等方面拥有多项专利，由于遇到资金瓶颈，相关科技创新成果难以及时转化，农发行浙江分行及时伸出援手，实施优惠信贷政策，向企业借贷500万元以解燃眉之急，在政策性金融资金支持下，该公司经营情况趋稳并蒸蒸日上②。

政策性银行积极推行订购贷、订单贷、竞拍贷等融资模式，支持创建农产品标准化生产基地，打造标准化、规模化、集约化生产端，推动种

---

① 国开行宁波分行：提升转贷款服务质效　惠及千企万户. 国家开发银行微信号，2024-06-07.

② 黄圣乔. 农发行浙江分行：深耕"浙"里普惠金融　助力乡村振兴［P］. 中国经济时报，2024-06-21，A05版.

植、养殖、加工、销售、贮存和服务协调发展，提高农产品附加值。深入贯彻"藏粮于地、藏粮于技"战略，发挥政策性金融服务的"路"和"桥"作用，大力支持发展农业科技和农业机械，支持建设高标准农田，大幅度增加高产稳产农田。充分发挥政策性金融稳定性强、规模大、期限长的信贷优势，提供中长期信贷资金，大力支持农村水、电、气、路、网基础设施、农村人居环境整治和生态文明建设，为乡村全面振兴提供"硬"支撑。综合运用"土地+"等多种融资模式，推动农业与旅游、文化、创意等产业融合发展，支持充分利用农业良好的生态绿色环境，深入拓展农业附加功能。

（三）聚焦服务重点区域，守住不发生规模性返贫底线

政策性银行聚焦国家重点帮扶县、脱贫县、定点帮扶县、易地扶贫搬迁大型安置点等重点区域集中发力，学习运用"千万工程"经验，构建差异化支持政策，因地制宜制定融资方案，坚持融资融情融商融智，提供优质金融服务。

2024年5月9日，农发行湘西州分行和龙山县政府签署《政策性金融创新服务乡村振兴重点帮扶县合作协议》，搭建政银企合作平台，积极探索政策性金融支持乡村振兴重点帮扶县的路径和方法，农发行湘西州分行坚持"政策性金融+创新驱动"思路，充分发挥政策性金融规模优势和服务优势，重点支持龙山县巩固脱贫攻坚成果同乡村振兴有效衔接、国家粮食安全和重要农产品供给、农业现代化、农业农村建设、生态文明等重点领域，推动帮扶县经济社会高质量发展[①]。

---

① 张前．龙山县政府与农发行湘西州分行签署乡村振兴重点帮扶县合作协议．龙山县人民政府网站，2024-05-10.

政策性银行开展总分行联动，加强信贷政策倾斜，根据脱贫地区经济发展状况、资源禀赋情况、风险承受能力等，分类确定信贷策略，在客户准入条件、资本金比例、审批授权、贷款定价等方面给予优惠信贷政策，开展扶持特色优势产业发展、建设宜居宜业和美乡村、支持巩固"三保障"和饮水安全成果等专项金融服务。推动信贷支持易地扶贫搬迁后续扶持工作，助力搬迁安置区融入新型城镇化，巩固拓展脱贫攻坚成果，补齐地区发展短板，着力解决区域发展不平衡、不充分问题，提高区域整体发展质量和水平。深入参与推动普惠金融发展示范区建设，促进中央财政奖补、地方财政配套、政策性金融支持形成合力，持续拓宽普惠金融服务的广度和深度。

（四）聚焦服务民生领域，促进重点人群增收致富

政策性银行通过构建新业务、创新新模式，破解金融服务信息不对称、资源不均衡等难题，拓展金融服务渠道，优化金融服务方式，构建广泛的融资联动带动机制，立差异化融资激励模式，对联带成效显著的承贷企业匹配优惠信贷政策，加强激励和引导，支持承贷企业主动和重点人群建立广泛的利益联结机制，通过资源共用、利益共享，推动承贷企业打造创业空间，提供就业岗位，签订帮扶协议，开展订单农业，进行定向交易，进行托养托管，通过产业带动、精准帮扶、定向服务，加强对创业群体、返乡群体、新型农业经营主体、农户的直接或间接支持。

2024年上半年，农发行四川省分行审批1.05亿元贷款，用于支持沐川县油茶加工园及配套示范种植基地项目，项目对当地油茶规模化种植起到示范带头作用，带动更多农户通过种植油茶实现增收，同时提升沐川县油茶加工园区处理能力，拓宽农户油茶鲜果销售渠道，为当地创造更多就业机会，促进农户增收致富，通过政策性金融活水"浇灌"油茶，盛开了

"致富花"①。

政策性银行同时加强普惠养老的金融服务支持，利用参与政策制定便利积极参加制定适老化数字金融服务标准，运用数字技术加大养老金融产品的创新，通过"养老+"和"+养老"设计普惠养老金融产品，制定专属化的服务方案，支持打造养老基础设施，助力建立健全养老服务体系。

在逶迤青山怀抱之间、碧波荡漾的柳江之畔，柳州市白云颐养中心拔地而起，老年人在中心挥毫泼墨、放歌晨练、翩然起舞，欢声笑语充盈其间，这是国开行广西分行支持建设的柳州市首个集智慧养老、健康护理、医疗保健、社区管理为一体现代化养老服务综合体——白云颐养中心，同时分行还支持柳州市在市区建设秋澜颐养中心，两个中心将为柳州市老年市民的幸福生活"充电"，真正实现老有所养、老有所依、老有所乐②。

（五）聚焦服务绿色发展，绘制低碳生态美丽画卷

政策性银行坚持生态环境导向的开发（EOD）方式，构建"农地+绿色""林业+绿色"等信贷模式，积极支持一批重点生态保护修复项目，积极开展"治绿"，支持山水林田湖草生态综合治理和修复，开展大气、水、土壤重金属等污染防治；积极开展"增绿"，深入支持植树造林、国土绿化、森林及湿地保护与恢复；积极开展"护绿"，深入支持重要生态保护区、生态脆弱河流等涵养和保护。

赣州东北部的石城县矿产资源丰富，由于长期开采引发了田土受损、

---

① 石云欢. 农发行四川省分行：金融活水"浇灌"沐川油茶盛开"致富花". 经济网，2024–07–10.

② 国开行广西分行以支持基础设施为抓手，积极做好养老金融大文章. 国家开发银行微信号，2024–03–13.

水系破坏、山体滑坡等生态环境问题，当地人民已从殷切"盼温饱"转变到热切"盼环保"。为全力促使生态修复，农发行江西省分行深入贯彻落实"两山"理念，坚持生态优先绿色发展，大力支持土地综合整治、矿山生态修复等生态保护和修复工程，截至2024年4月，累计投放1.98亿元，支持3000亩土地、300亩废弃矿山、5个历史遗留废弃矿渣的矿山乡镇生态修复工程，促使当地环境逐趋好转，山清水秀、生态宜居的美丽画卷正在徐徐展开①。

政策性银行建立完善绿色金融治理体系、管理体系，积极推动打造"绿色银行"品牌。完善绿色信贷办贷通道、差别授权、FTP价格优惠等支持政策，开展绿色金融产品和服务创新，丰富绿色债券发行品种，健全绿色筹资体系，有效引导聚合社会低成本资金进入绿色发展领域。基于能耗、排放和ESG等相关数据的广泛收集，推动碳金融产品的创新和开拓，探索推进碳排放权、碳汇权益等绿色权益担保方式的融资业务，创新建立"森林质量提升+碳汇收益""农地+碳汇收益"等模式，研发碳排放配额履约、交易、增值等金融产品，推动碳金融蓬勃发展，助力我国碳达峰碳中和目标实现。

四、政策性银行发展普惠金融的展望

政策性银行胸怀"国之大者"，积极主动融入国家发展大局，充分利用政策性金融政策、机制和规模等优势，推动普惠金融服务从春水初生到积厚成势。在实践中，政策性银行发展普惠金融仍然面临相关信息不对称、

---

① 郑长灵，刘杭昆，廖璐. 农发行江西省分行助力赣南老区推进乡村全面振兴. 农村金融时报微信号，2024-04-08.

信用环境不完善、缺乏合格的抵押品等方面的挑战和困境。政策性银行要紧紧聚焦普惠客群融资难、融资贵痛点和"无米之炊"等急难愁盼问题，持续优化普惠金融服务机制，完善服务模式，加大产品创新力度，契合普惠客群特征和需求曲线设计金融产品，持续提高融资可得性、精准性和便捷性。同时加强数智赋能，探索建立数字化工厂，精准感知客户、识别客户、洞察客户，推进批量转贷、线上智贷，实现精准滴灌，畅通普惠金融服务"主动脉"和"微循环"，提高政策性金融资源的配置效率和渗透率，更好地服务小微企业和弱势群体，提升普惠金融服务质效，推动普惠金融高质量发展，为经济社会发展贡献政策性金融力量。[1][2][3]

① 李小庆. 推动数字金融蓬勃发展的创新路径和效用研究［J］. 金融科技时代，2024，（5）：8-12.

② 李小庆. 数字金融提升服务乡村振兴效能研究［J］. 金融科技时代，2023（11）：8-12.

③ 李小庆. 数智融合推动金融业全面数字化转型研究和实践［J］. 金融科技时代，2022，（10）：8-15.

"小"有可为

——浙江泰隆商业银行普惠金融实践案例

吴建福

"小"企业有"大"市场,"小"客户有"大"文章,"小"贷款有"大"道义,浙江泰隆商业银行30年如一日,深耕"普惠田",喜获"普惠果",实现以义取利的商业可持续性。坚持做好三件事:一是始终坚持差异化市场定位,坚守"人人平等"的普惠初心,"小微"和"两民"结合,持续下沉市场定位;二是始终坚持社区化营销模式,坚定"根据地化"的作业模式,"跑街"和"跑数"结合,持续提升客户覆盖率;三是始终坚持"模型化"的风控模式,坚持"眼见为实"的风控理念,"人""机""数"结合,持续提升风控能力。从"两个人"出发,最终落到"两个人"上。

浙江泰隆商业银行成立于1993年,注册地在浙江省台州市,是一家专注小微、践行普惠的城商行。成立31年来,始终坚持金融为民的初心使命不动摇,坚持普惠小微的市场定位不动摇,坚持长期主义,不贪大、不贪

吴建福,浙江泰隆商业银行总行普惠金融部总经理。

快，立足主责主业，服务实体经济，以义取利，既较好实现了商业可持续性，又探索形成了具有泰隆特色的普惠金融模式，为"人人平等"普惠金融实践贡献了泰隆力量。

一、一心做"小"，慢慢长"大"

一心做"小"，坚守小微定位。泰隆银行通过客群细分，将目标客户锁定在小微和普惠群体上。截至2024年6月末，泰隆银行户均贷款47.98万元。小微企业贷款占比73.55%，涉农贷款占比46.66%，民营企业贷款占比91.49%；100万元以下贷款的客户数占比89.65%，余额占比40.51%，500万元以下贷款的客户数占比99.51%、余额占比87.33%。

慢慢长"大"，深耕"普惠田"，从"小微之路"走出"康庄大道"。截至2024年6月末，泰隆银行资产利润率（ROA）1.32%，资本利润率（ROE）17.01%，不良贷款率1.12%。总资产4135.78亿元，总负债3807.98亿元，各项贷款2646.67亿元，各项存款3125.04亿元；共有13家分行、13家村行，其中分行下辖支行387家、村行下辖支行69家，正式员工数超1.2万人。

从创业伊始只有7个人、1个网点、100万资本的寂寂无名的民营城市信用社，发展到今天具备区域影响力的城市商业银行，这些年，泰隆银行到底做对了哪些事？

二、不断"下沉"，坚持"跑街"

台州，是泰隆银行诞生地，作为中国民营经济发祥地、股份合作经济发源地、市场经济先发地，这里民营经济高度活跃，小微企业、个体工商户等小微市场主体蓬勃发展，金融服务需求十分迫切。通过"民营主导＋

政府推动",形成了小微金融服务"台州模式",2015年12月,国务院在台州设立小微企业金融服务改革创新试验区。目前,台州正从国家级小微金改"试验区"向"示范区"加速迈进。

伴随着台州民营经济的"蓬勃发展",泰隆银行确立了服务小微和大众的市场定位。成立30余年来,泰隆银行探索形成了以"三品三表""两有一无"①为代表的泰隆特色普惠金融服务模式,寻找解决小微企业融资难这一世界性难题的中国式答案。独特而符合国情的商业模式,使泰隆银行在小微企业金融服务市场上赢得了一片蓝海。在长期主义复利思维的指导下,泰隆银行不断强化自身在普惠金融领域的核心竞争力,重点在三方面进行了探索、创新与深化。

(一)差异化:坚守"人人平等"的普惠初心——"小微"+"两民",持续下沉市场定位

泰隆银行起于微末。创业之初,创始人有感于民营经济"融资难、融资贵"的切身之痛,立下了做"草根金融"的"雄心壮志",要"门当户对"服务弱势群体。随着日渐壮大,面对"做大"的诱惑,泰隆在2016年更加坚定:要永远做一家负责任、有担当、有温度的良心银行,为实现"人人平等"的普惠金融梦想贡献力量。这一企业愿景的提出,基本奠定了泰隆银行不断下沉市场定位的长期战略,这是泰隆银行对自己过去成功经验的总结,也是想获得未来进一步成功的路径,那就是:"小"有可为。

对于定位,泰隆常戏称自己是坚持做"小"、深化做"小"、喜欢做"小"。众所周知,"小"客户分布广、户数多、规模小、抗风险能力弱,

---

① 三品三表:从人品、产品、物品,水表、电表、海关报表等维度,破解小微企业信息不对称难题。两有一无:即有劳动能力、有劳动意愿、无不良嗜好,就有机会从泰隆银行获得贷款。

"服务成本高、劳动强度高、户均贷款低、人均产效低"。坚持定位，要求保持战略定力，有工匠精神，"打井不挖坑"，就得放下速度和规模情节，不怕小、不怕慢，不求大，不求快，并且坚持金融面前"人人平等"；深化定位，就得进一步细分客群，泰隆银行把普惠客群进一步细分为优质小企业、中间小企业、底部小企业、个体经营户、农民和市民六大类，然后再进一步细分成"百行百业"和"百家姓"，开展专项行动计划，精准服务；喜欢定位，就得要做客户的成长伙伴，"相伴一生、惠及家人"，一心一意为客户创造价值。

泰隆银行市场定位的确立，也不是一蹴而就的，而是经历过三个发展阶段不断探索、持续深化和最终确立的。第一阶段，尝试定位（1993-2006），成立之初，主要服务台州市，为求生存，主动选择"小"客户，做大行不愿做或不敢做的小业务，从"快"入手，拼服务、拼效率，推出了保证贷款解决小微企业缺乏抵押物的痛点，施行"三三制"（新客户申贷三天内答复、老客户续贷三小时办结），凭这两项政策，快速在市场上形成了口碑，站稳了脚跟。也因为服务小微的特色定位，在城市信用社兼并大潮中得以保留，并于2006年8月15日正式改名为"浙江泰隆商业银行"，成为城市商业银行。第二阶段，坚持定位（2007-2017），走出台州，快速发展。由于第一阶段的成功尝试，全行梳理并确立了服务小微的商业模式，为进一步检验和升级商业模式，泰隆开启了跨区域发展，凭借服务小微这一金字招牌，先后在浙江、上海、苏州等民营经济活跃的地方开设机构，在跨区域发展的过程中，始终坚持服务小微市场定位，抵住了大城市大客户的诱惑，验证了模式的有效性，也进一步升级了商业模式。2008年正式提出社区化，有效解决大城市作业成本高和信息对称难的问题。2016年开始，服务农民和市民，布局探索消费业务，优化客户结构。第三阶段，深化定位（2018年至今），对内坚持"高质量、内涵式"发展，对外积极开展大合作。2020年9月，泰隆银行正式推出《浙江泰隆商业银行小微金融服务标准》（以下简称"小微标准"），这一标准是泰隆银行对自身近30年普惠金融实践的总结和提炼，也是泰隆银行对未来继续深化普惠金融实践的战略。为进一步深化市场定位，一方面，泰隆银行聚焦自身，做实、做细、做专小微标准，形成核心能力建设清单，进一步提升核心竞争力，巩固普惠金融的"护城河"。另一方面，泰隆银行积极开展对外合作，一是通过开设村镇银行，检验泰隆模式在欠发达地区的实践效果；二是通过开展同业合作，采用技术输出、咨询和联合贷款等方式，检验泰隆模式在更多其他省份的实践效果。如果不喜欢，很难坚持；如果不坚持，不可能成功。泰隆之所以取得了些许成绩，是因为30多年就干一件事。

（二）社区化：坚定"根据地化"的作业模式——"跑街"+"跑数"，持续提升客户覆盖率

在银行"争先恐后"做小微的当下，普惠金融市场面临竞争加剧、空间压缩、利差收窄等一系列挑战，中小银行要如何破局？2023年10月召开的中央金融工作会议已经指明了方向，就是"立足当地，开展特色化经营"。泰隆银行以社区化为抓手，立足本地、深耕社区，为社区内各类客群提供特色化、差异化的综合服务。

社区化是泰隆模式的核心，是定位客户的来源，是信息对称、降成本、提效益、控风险、强体验的基础，是泰隆线下能力的根本、根系，其核心内涵是"根据地建设"，就是立足客户需求（金融与非金融），立体打造社区生态圈，提升"掰手腕"能力，发挥比较优势，稳固护城河，提升客户覆盖率和市场占有率，实现内涵式、高质量、可持续发展。

泰隆银行以物理网点为中心，在一定的服务半径内，基于市场容量、机构和客户经理能力，结合"三匹配"（机构、社区、人员互相匹配）的原

则，开展"三定"（定点、定时、定人）的网格化管理，对选定的社区开展标准化作业，持续提升社区的覆盖率和占有率，逐步形成泰隆"根据地"。

面对"市场之变"，泰隆银行从四方面升级社区化商业模式。

一是做"深"。在社区里推行"蚕吃桑叶"的作业模式，即"一人一社区，成熟一个换一个"，通过"跑街＋跑数"相结合，确保客户经理在规划的社区里"做深做透"。

"跑街"是指充分发挥泰隆近6000人"地推部队"的优势，客户经理走街串巷、田间地头，用脚丈量社区，深耕社区"责任田"，通过与客户做朋友，全面掌握客户信息，实现信息对称。

"跑数"是指运用大数据，帮助客户经理定位客户。泰隆银行强化政银合作，导入政府、监管等外部数据，打造"普惠小微地图"，让客户经理对社区客户"有哪些、在哪里"一目了然。

通过社区化作业，避免了客户经理"舍近求远""挑肥拣瘦""蜻蜓点水"式作业带来的成本高、效率低、风险大、客户粘性差等一系列问题，更重要的是，通过"跑街＋跑数"的作业模式，实现社区内客户"软信息"和"硬数据"的有机结合、长期积累，客户经理得以对社区内各类企业、人群的情况如数家珍，能够基于不同客群的差异化需求及时响应，提供个性化服务。

二是做"专"。随着社区化的不断下沉深入，泰隆银行发现，社区内"百行百业"业态丰富，需求多元，既存在未被金融服务覆盖的信贷"白户"，也有对金融服务具有较高专业要求、单一传统信贷产品无法满足的"专精特新"企业。泰隆银行秉持"人无我有""人有我优"原则，针对细分行业、细分客群提供专业服务。

科技金融方面：泰隆银行打造"专家队伍、专属产品、专业评估"服务体系。专家队伍方面，设立科技企业发展部，成立一支由专业人员组成的专家队伍，担任科技型小微企业的"金融管家"与"创业顾问"，帮助初创型企业明确战略定位，打通融资渠道。专属产品方面，为科技型小微企业量身定制产品，如针对绍兴柯桥印染纺织行业高度发达特点，探索落地全国首笔布料花样知识版权质押业务，助力企业将"知产"变"资产"；针对上海、杭州等地"独角兽"企业集聚的特点，探索投贷联动，助力普冉半导体等多家企业成功上市。专业评估方面，针对科技型小微企业高成长、高风险、轻资产的特质，泰隆银行总结提炼了"看专利、评技术，看股权、评发展，看市场、评前景"的"三看三评"信贷技术，将评估时长缩短至一天以内，解决金融机构因"看不懂、看不清"导致的科技型小微企业融资难、融资慢的痛点。

绿色金融方面：泰隆银行设立"专项资金、专门产品、专业评估"保障机制。专项资金方面，泰隆银行成功发行全国首笔绿色小微企业金融债，并划拨再贷款额度建立绿色信贷专项资金支持绿色小微企业发展。专门产品方面，探索研发排污权抵押、碳排放权抵押、碳汇抵押、绿色知识产权抵押等特色产品，如台州分行与信保基金合作，针对新能源企业提供"绿贷保"；湖州分行针对绿色农业推出"茶园贷"，助力农业绿色转型。专业评估方面，泰隆银行积极开展ESG评估方法创新尝试[①]，并探索建立"四色分类"标准[②]，引导信贷资产结构绿色转型。

供应链金融方面：泰隆银行聚焦社区内相对集聚的"短链"型小微企业集群，打造泰隆特色的"供应链+"小微金融模式；以核心企业为切入点，延伸至上下游企业，为供应链上各类主体提供一揽子综合服务；针对

---

① ESG：全称Environment，Social and Governance环境、社会和公司治理评估方法，即通过考察一系列关于公司环境影响、社会责任和公司治理结构的标准，来判断公司的风险和机会。

② 根据企业环境与社会风险等级，将信贷业务划分为鼓励发展、允许纳入、中性、限制类四个大类，分别对应绿色、蓝色、橙色、红色四种颜色。

核心企业，搭建交易平台，提供支付入口；针对下游企业，提供订单一键申贷支付货款。此外，泰隆银行还借力大数据技术，集成供应链上下游交易数据，将主体信用转化为数据信用，优化信贷流程，提升客户体验。

三是做"特"。泰隆银行立足与社区紧密联系的优势，加强社区联动，开展一系列有特色的社区活动，助力社区人情更暖、发展更好、环境更美。

网点变革打造社区"共享中心"。网点是银行的服务场景和品牌窗口，但随着金融科技的蓬勃发展与客户行为的变化，网点从"门庭若市"变成"门可罗雀"，面临关停撤并的重大考验。泰隆银行基于社区自身、社区经济体、社区内各类人的三大需求，变革网点运营方式，发挥网点桥梁、纽带、背书、朋友圈的作用开展跨界合作、做好资源整合，把网点打造成客户"产品展销、业务推介、获客活客、导流引流、体现存在感"的大平台。各网点一行一策、百花齐放。如杭州钱塘支行80%的厅堂面积落地创业产品展示区、共享多功能厅等，为网点周边的创业园区及14所高校提供创业、就业、休闲等增值服务。台州分行营业部通过厅堂"策展"开展展销引流，弘扬台州非遗文化。网点服务真正走出了传统的高低柜，更融入社区，更贴近客户的工作和生活，同时也在潜移默化地重塑社区关系，让人与人之间"更亲、更近、更温暖"。

"烟火计划"点燃社区"烟火气"。为了助实体、促消费，让社区小店活起来、火起来，提振社区经济，泰隆银行推出"烟火计划"，为餐饮、批发、零售、住宿与居民服务五大行业的个体工商户和小微企业提供创业资金支持、经营工具赋能、线上直播引流、线下培训助力、免费品牌宣传等"一揽子服务"。衢州、丽水等地机构还创新推出了"泰隆带你逛菜场""烟火夜市""后备厢美食市集"等形式多样的社区活动，通过社区团购、场地支持、满减活动等手段，让商户得客流，客户得实惠。

工具赋能绘就社区"新风貌"。泰隆银行在与社区交流过程中获悉，社区基层治理普遍存在人员多、覆盖广、任务重、激励少、管理难度大等痛难点。为此，泰隆银行专门开发"治理宝"小程序，构建涵盖生态环境、消防安全、困难帮扶、文明实践等模块的社区管理评价体系，实现工作的量化评估，并对优秀的社区工作人员给予积分奖励。例如，丽水云和支行与社区合作，将网格员参与消防整改、垃圾分类宣传等点滴行动转化为公益积分，用于泰隆银行合作商户消费抵扣，提升网格员的获得感与工作积极性。泰隆银行发起设立的广东四会村行与当地政府合作，为农户开通"碳账户"，采用"碳积分"记录农户参与人居环境整治相关贡献，并根据"碳积分"为农户发放绿色信贷，打通基层绿色治理+金融支持闭环。

四是做"厚"。在过去投资驱动、"杠杆率激增的经济高速增长期"，银行在一定程度处于卖方市场。当前经济转向高质量发展，金融脱媒、技术脱媒、利率市场化改革加快，银行必须增强危机意识和竞争意识，真正以客户为中心，根据客户需求提供优质的综合服务。

泰隆银行积极拓展服务边界，丰富服务内涵，从以存、贷、汇为主的传统"融资"业务升级为"融资+融智"，把握细分客群的差异化需求，提供"一站式"服务。

外贸客群方面。外贸小微企业具有集结算、融资、汇率避险、业态转型于一体的个性化、多样化的综合金融服务需求。泰隆银行为该群体量身打造"包裹式"服务方案。融资服务方面，基于小微外贸企业"短、频、快"融资特点，泰隆银行开发"贸e贷"产品，并为客户提供报关单融资、出口信保保单融资等多种融资选择，保单融资服务小微客户数位居全国前列；此外，泰隆银行还针对跨境电商等外贸新业态客户打造一站式服务平台"e卖通"，为客户提供收费低、安全性高的收款渠道以及轻担保、放款快的专项融资产品。融智服务方面，泰隆银行着力提升汇率避险服务水平，通过政府性融资担保政策推动、衍生品产品体系建设、定向宣导培训，帮助外贸小微企业防范外汇市场波动风险。此外，泰隆银行还专门打造"小鱼智汇"服务平台，为客户提供实时外汇牌价、汇率盯市、DIY套保方案、单据管家、核验航运信息等增值服务，为小微企业"出海"助力。

新市民客群方面。当前，我国拥有约3亿人规模的庞大新市民群体①，对于创业、就业、住房、教育、医疗等方面服务有着迫切需求。泰隆银行以"惠及家人、相伴一生"为服务宗旨，助力广大新市民扎根城市、融入城市。融资服务方面，泰隆银行坚持"两有一无"准入标准，只要有劳动能力、有劳动意愿、无不良嗜好，就可以从泰隆银行获得贷款。在此基础上，泰隆银行推出纯信用产品"泰e贷"，作为客户创业、消费的备用金，长期授信，随借随还，让客户灵活贷、安心用。融智服务方面，泰隆银行打造"泰隆生活"平台，客户可在平台上淘货"家乡的味道"，选择"宝藏小店"，获得集"投资、保险、贵金属"于一体的理财服务和医疗健康、子女教育、财资咨询等进阶权益，满足生活的日常所需。

农民客群方面。泰隆银行积极响应各级政府监管号召，对标"乡村所需、金融所能、泰隆所长"，紧盯"三农"需求，打通乡村服务"最后一公里"。融资服务方面，泰隆银行开展"农村人人可贷"，特别是针对山区海岛县专设低息资金，让"资产少"但"信用好、敢拼搏"的农民群体都能享受到普惠金融，截至2023年末，已覆盖8个省市的5400多个自然村，累计服务超110万农户。融智服务方面，泰隆银行推出"行长直播"公益平台，由各支行行长担任主播，联合地方政府、社会组织、农村致富带头人，为优质农产品、农村文旅产品、民宿产业等提供免费宣传，链接、匹配泰隆自身百万量级客户的"食、住、行"需求，助推"数商兴农"。

数字化时代，传统银行都纷纷线上化，裁撤人工窗口，泰隆银行却坚

---

① 数据来自《2022新市民金融服务白皮书》。

持"跑街"，加大网点布局和投入，人工成本和运营成本"居高不下"，这是否有悖时代潮流，可以实现商业可持续性吗？泰隆银行的社区化经营模式已经做出了回答。一是，最大的时代潮流是以人为本，银行的本质是通过服务客户创造价值从而获得自身的商业价值，传统银行专注于客户的"存、贷、汇"金融服务，所以拼命在速度和体验上做文章。而如今，客户的需求发生了深刻的变化，比起金融服务，更重要的是如何能帮助他们实现"好生活"和"好生意"的非金融服务，金融是非金融衍生出来的，而银行要想提供非金融服务，光有线上的速度是不够的，必须要有线下"面对面"的沟通，真正理解客户需求，提供"金融+非金融"的解决方案。二是，最大的成本是浪费，市场定位和服务模式决定了普惠金融高成本运营的必然性，泰隆银行采用的方法是提高单位成本的收入，而非是简单地减少成本支出，通过社区化、网点变革、综合经营和金融科技这一组合拳，提高客户经理的人均产效和客户的户均产效。

（三）模式模型化：坚持"眼见为实"的风控理念——"人"+"机"+"数"，持续提升风控能力

泰隆银行31年的实践发现，风险资产的成因：一是员工操作风险，贡献50%；二是员工道德风险，贡献20%；三是客户信用风险，贡献30%。也就是说，70%的风险是由员工的道德风险和操作风险产生的，产生风险后，最终造成的损失高达80%以上；真正因为经营不善造成的信用风险仅占30%，且最终造成的损失占比较低。基于此，在独具泰隆特色的风控模式"三品三表"和"两有一无"的基础上，围绕"两个人"的管理（客户和员工）形成了一整套简单有效的风控体系。

"三品三表"针对的是小微企业和企业主的风控模式，"三品"指的是"人品"（主要对借款人还款意愿的评估）、"产品"（主要对借款人第一还款

来源的评估）、"物品"（主要针对借款人第二还款来源的评估），三表指的是"水表""电表"和"海关报表"以及后续逐步增加的其他报表，主要用来交叉验证借款人的"三品"情况。"两有一无"针对的是农民和市民的风控模式，"两有"指的是"有劳动意愿"和"劳动能力"（"两有"主要用来评价借款人的还款能力），"一无"指的是"无不良嗜好"（主要用来评价借款人的还款意愿）。这两种风控模式底层的风控逻辑都是要求"眼见为实"，即通过一系列的制度安排和科技赋能，确保员工能真实反映客户的"三真"（"真人""真意愿"和"真实力"）。

面对"市场之变"，泰隆银行从三方面升级风控模式。

一是战略上，持续下沉市场定位。坚持"小额风险分散"和"收益覆盖风险"的风控策略，通过做大客户面，不断分散风险，通过差异化定价，不断覆盖风险。

二是战术上，持续升级风控模式。全面推进模式模型化工作，对泰隆30多年的风控模式进行系统梳理，围绕"贷款三查"全流程，建立"人"+"机"+"数"一体化的风控模式，层层设防，联防联控。首先是"人"方面，推进作业标准化，泰隆30多年的风控能力主要依赖"师徒制"，师傅帮带能力的强弱直接影响资产质量的好坏，随着机构的不断发展和市场的不断演变，师傅的数量和质量都跟不上发展的需要，所以泰隆银行积极推进专家经验萃取工作，通过对细分客群的信贷专家开展经验萃取，形成客群风控标准；其次是"机"方面，建设第三代信贷管理系统，围绕"作业提效、控制有效、体验提升"这三大目标，十年磨一剑，集全行之力推动风控模式全面系统化；最后是"数"方面，本着提高"人"的决策能力这一核心目标，聚焦信贷作业标准及全流程关键动作，依托语音图像识别、大模型等技术对信贷全流程进行管理和赋能，上线预评估、精准贷后、智能催收等数字化风控工具，加速实现"人防"向"数防"的转变。

三是执行上，持续压实员工责任。员工道德风险和操作风险是普惠金融最大的风险，但是人的风险又是最难防范的，管严了，员工不愿做，管松了，员工会乱做。泰隆银行为有效防范员工道德风险和操作风险做了很多机制安排，核心有三招。第一招，责任认定。道德风险和操作风险的诱因是责任心问题，只有让员工真正把"泰隆的钱当作自己的钱"来看待，道德才不会"变坏"，动作才不会"变形"，不然其他的机制安排都会变成"猫和老鼠"的关系。泰隆银行责任认定的基本原则有三条：一是"尽职免责"，根据作业标准，形成两张"正负面清单"，只要在正面清单作业的认定为免责，触发负面清单的认定为有责，再根据触发的条数轻重，再依次认定为轻度、中度和重度，最后根据有责程度进行单笔经济处罚和行政处罚，对重度责任采取严厉打击政策，情形严重的主动上报监管和司法部门，不怕案件，这样让员工真正敬畏风险；二是"适度容忍"，不是所有的有责业务都得处罚（重度除外），根据"收益覆盖风险"，根据员工创造的收益设置一定比例的容忍度，在容忍度内，免予处罚，这样让员工敢做业务；三是"奖惩结合"，设置资产质量奖，对于风险表现特别好的员工给予一定的奖励，这样让员工能主动经营风险参与清收。第二招，授权管理。泰隆银行采用充分授权的信贷管理模式，90%以上的业务在分行审批，80%以上的业务在支行审批，这一方面是应对市场竞争的需要，需要一线快速反应，应对市场"短、频、快"的需求，另一方面也是风险防控的需要，需要一线压实责任主体，"谁审批、谁负责"，泰隆银行每年都会根据前一年各机构的风险表现和当年风险偏好设置各级管理者的审批权限，中间再根据责任认定和风险结果进行动态调整。第三招，常态检查。防范道德风险和操作风险一是靠自律，但更关键的还是靠他律，以他律促自律，而他律最简单有效的方法就是要有检查体系，利剑高悬。泰隆银行的检查体系总共有三道防线，层层设防。第一道，业务条线。首先是支行层面，客户经理每十天会对自己新发放的业务开展自查，"放电影、照镜子""吾日三省吾身"，看看自己之前做的业务有没严格按照标准动作去做，如果有问题，要及时补救，同时"下不为例"，上级管理者每个月会对客户经理的自查结果进行抽查，检查自查质量，同时开展带教工作，寓教于查，支行自查减责；其次是分行层面，分行业务主管部门每个月会对支行的自查情况开展检查，及时发现问题，举一反三，分行检查发现减责；最后是总行业务管理部门的检查，每季度对分行的检查情况开展现场检查。第二道，风险条线。总行和分行的风险管理部，定期开展业务条线的检查执行情况检查，同时也会以另一个视角开展独立的专项检查工作，对一线进行督导和处罚。第三道，审计条线。作为检查体系的最后一道防线，总分两级审计部门会对第一、第二两道防线的检查管理体系开展定期评估和专项审计，同时审计也会根据需要开展独立检查，及时发现问题，并跟踪问题整改，开展问责。三道防线，既各司其职，独立运作，又互相配合，联防联控，聚焦于一线员工的道德风险和操作风险防范。

金融是"国之大者"，服务小微也是"国之大者"，小微企业"小"有可为。金融看上去很复杂，其实很朴素，最终都要回归人性。金融服务人、金融依赖人。泰隆银行将继续坚持小微定位、客户导向、创新引领、科技赋能，不断提升服务质效，从"两个人"出发，也最终落到"两个人"上。

数字技术赋能消费金融领域普惠金融实践

——以蚂蚁消金为例

刘　义

　　普惠金融作为五大文章之一，体现了金融工作的政治性、人民性。做好普惠金融服务是中国特色金融发展之路的内在要求。与此同时，普惠金融服务需求的"短、小、频、急"等特点，使得金融机构提供普惠金融服务面临诸多挑战。重庆蚂蚁消费金融有限公司（以下简称蚂蚁消金）积极学习贯彻中央金融工作会议精神，秉持服务人民大众需求的初心，围绕消费信贷领域用户体量大、要求高、风控难等命题，依托数字技术持续探索创新普惠金融新方式和新方法。

　　消费金融主要是指围绕消费的资金融通，为消费者提供多样化的金融产品和服务，是消费产品服务的促销工具和金融增值手段。常见的消费金融产品包括：信用卡、消费贷、现金贷、消费分期、消费类资产证券化、消费信托、消费众筹、消费返还、消费责任保险等多种模式。其核心是通

刘义，蚂蚁消金首席信息官。

过"消费金融化、金融生活化"的运作，实现消费和金融两种资源在时间、空间配置上的跨越，产生便利、高效、额外收益等增值，让消费者得便宜、占实惠，让商家去库存、增收益。

消费金融具有支付、风险管理、储蓄或投资、借贷四大功能，这些功能共同作用于促进消费升级和扩大内需。因此，消费金融是国家金融体系的重要组成部分。从事消费金融业务的金融主体包括银行、消费金融公司、汽车金融、小额贷款公司等。其中，消费金融公司是从事房产和汽车以外，以小额、分散为原则，为中国境内居民个人提供消费贷款的非银行金融机构。所以，消费金融公司的业务范围通常包括个人耐用消费品贷款和一般用途个人消费贷款。这些贷款具有小额、快速审批、无需抵押担保等特点，旨在满足最广大消费者的需求，提高他们的生活水平，并支持经济增长的特点。

消费金融公司在发达国家和一些发展中国家发展较早且较为成熟。1853年第一个分期销售方式在美国被发明，2023年美国消费信贷规模已超过5万亿美元，是全球最大的消费金融市场，覆盖了各种消费场景和人群。欧盟成员国自20世纪90年代以来，消费信贷业务得到了迅速发展，法国、西班牙、德国等国的消费信贷余额分别达到1.73万亿欧元、0.65万亿欧元和0.23万亿欧元。截至2023年上半年，日本消费信贷余额达510万亿日元。中国起步时间相对较晚，但近10年发展显著。中国人民银行2024年发布的数据显示，2023年末，我国本外币住户消费性贷款（不含个人住房贷款）余额19.77万亿元，同比增长9.4%。根据中银协《中国消费金融公司发展报告（2024）》显示"2023年，消费金融公司资产规模和贷款余额双双突破万亿，分别达到12087亿元和11534亿元，同比增速分别为36.7%和38.2%，助力消费发挥国民经济平稳运行的"稳定器"和"压舱石"作用。"

自2009年《消费金融公司试点管理办法》实施以来，我国消费金融行业经历了传统消费金融、互联网消费金融与数字消费金融三个时期，取得了显著成就。首批消费金融公司于2010年成立，标志着我国消费金融行业的正式起步。此后，消费金融公司经历了从试点到全国推广的过程，并在金融科技的推动下，实现了从传统消费金融向数字消费金融的转型。截至2023年底，我国共有消费金融公司31家。

消费金融公司的主要目标是恢复和扩大消费需求，顺应居民消费提质转型升级趋势，保证金融资源流入实体经济的消费渠道，合理满足城乡居民消费升级的金融需求。根据消费金融市场变化快的特点，充分发挥专营化小型消费金融机构优势，消费金融公司快速开发和优化场景金融产品，在3C（计算机、通信和消费等三类电子产品）和家电等热点消费场景，家装和旅游等消费升级场景，推动消费场景与金融产品的深度融合，助力居民打破当期消费预算约束、提高消费支付能力、释放潜在消费需求，提振消费增长信心，切实发挥促进消费需求恢复的重要作用。

作为以小额和分散为原则的消费金融服务主体，消费金融公司专注下沉市场和长尾客户的客群定位，为中低年龄（平均25—35岁）、中低学历（普遍为大专及以下）、中低收入（平均月收入5000元以下）等长尾客户，提供覆盖面更广、可得性更高的金融服务。2023年，消费金融公司持续提升经营管理和成本控制能力，不断降低运营成本和产品定价，18家消费金融公司综合定价同比下降（其中6家公司下降幅度超过10%，2家公司下降幅度超过15%），其他公司定价保持平稳，进一步降低了客户消费融资成本，提升了人民群众的获得感和幸福感，实现既"普"又"惠"的初衷，为做好普惠金融大文章作出了积极贡献。蚂蚁消金便是其中的典型代表。

2024年6月30日，蚂蚁消金发布《2023年可持续发展报告》，首次披露了其数字普惠实践的进展。截至2023年底，蚂蚁消金已服务超过4亿消费者，60%以上花呗是其接触的第一个消费金融产品；约75%的消费者使用花呗未支付过任何利息费用；超2.4亿人用花呗"账单助手"实现金融健康，专注服务广大消费者的小额高频需求，用智能风控科技突破普惠服务瓶颈。

随着国内普惠金融事业的发展，消费金融服务从"有没有"进阶到"好不好"，逐步迈向金融健康，进一步追求高质量发展。

一、顶层设计为消费金融指明普惠发展方向

消费金融与普惠金融之间存在紧密的关系，两者在目标和功能上具有一定的重叠和互补性。普惠金融的定义是立足机会平等要求和商业可持续原则，以可负担的成本为有金融服务需求的社会各阶层和群体提供适当、有效的金融服务。其主要服务对象包括小微企业、农民、城镇低收入人群等弱势群体。普惠金融的核心在于有效、全方位地为社会所有阶层和群体提供金融服务，尤其是那些被传统金融忽视的农村地区、城乡贫困群体。消费金融则主要服务普罗大众，通过拓展金融服务的可得性和包容性，满足消费者的多样化金融需求。服务群体类型方面普惠金融的范围要比消费金融更广，但对于细分领域内多样化金融产品和服务需求的可得性和包容性目标是一致的。

我国消费金融市场突出的特点是参与主体众多，层级差异大。商业银行仍是我国消费金融市场最主要的供给者，信用卡和消费贷款业务是其重要产品，以中高端客群为基本对象。汽车金融公司专注于汽车贷款，侧重于中端客群。消费金融公司着眼于中低端客群，致力于提供形式多样、灵活高效的消费信贷产品及服务。多层次消费金融服务体系正在形成。

同时，消费金融公司在推动金融下沉服务、满足长尾客群消费需求方

面发挥了极其重要的作用，扩展了消费金融可得性的边界，也让消费金融的普惠性得到了更鲜明的体现。31家消费金融公司贷款余额仅为1.1万亿元，但2023年累计服务客户超过3.7亿人次。消费金融公司的消费金融业务与普惠金融在目标和功能上有了重叠，消费金融可以被视为普惠金融的一部分或其重要组成部分，特别是在满足中低收入长尾客群消费需求方面。两者共同致力于提高金融服务的普及率和可得性，促进经济的包容性增长。

近几年国家也在普惠金融领域，持续出台新的政策引导文件。分别从数字普惠、场景消费、金融健康等维度，明确了普惠金融的发展方向。当前，国务院印发的《关于推进普惠金融高质量发展的实施意见》中重点指出，"突出消费金融公司专业化、特色化服务功能，提升普惠金融服务效能"。为消费金融公司指明了普惠的发展方向。与此同时，我们也可以看到普惠金融依然面临，普惠人群/场景普遍较大、下沉客群的风险普遍较高，为风险控制带来很大难度、服务该领域需要付出较大的成本，面临巨大挑战。

普惠群体的金融需求具有"短、小、频、急"的特点，服务成本高、收益小、风险大，使得金融机构提供普惠金融服务面临诸多挑战。因此，服务好广大中低收入长尾人群的消费金融需求，并控制风险好其中的风险是世界性的难题。蚂蚁消金就面对着4亿消费者的庞大用户体量、"短、小、频、急"的用户要求以及风控难度大等命题。既往的实践证明，如果说金融科技是蚂蚁消金破解普惠金融难题的唯一选择，那么数智化就是蚂蚁消金金融科技发展的必经之路。

二、蚂蚁消金普惠金融定位

专注服务普惠客群的定位，充分发挥数字技术优势。花呗等消费金融产品，交易笔数规模和活跃时段，与消费呈现紧密的关联。从年度来讲，在618、双11等大促节点，活跃度会明显上升，小长假、黄金周等假期，随着旅游消费活动的提升，交易热度也会相应提升。按天来看，每天的交易高峰主要会在午间，还有下班之后，集中在餐饮消费高峰。在场景消费方面具有小额（单笔90元左右）、高频（日均2笔）的特点。

（一）蚂蚁消金的客户定位

服务普惠客群。蚂蚁消金经营的是普惠型消费金融，花呗、借呗是用户耳熟能详的产品，重庆消金公司自开业以来，累计服务的用户数超4亿，服务重庆地区超过800万。三四线用户占比超过60%，中西部城市用户超过40%。

总体来说，我们服务的用户中无信用卡用户占比超过60%。这些用户很多是征信白户，花呗是其首个消费信贷产品。在使用蚂蚁消金的消费金融产品后，这些用户也进入到征信系统之中，一定程度上促进了征信系统吸纳更多的人群，让更多用户开启信用积累之路，也为金融行业更好服务这群用户提供了相应的参考。众多的用户在使用花呗后，随着金融需求的增长，逐渐成为信用卡用户。从职业特征上看，信用卡行业服务的用户，职业排名中白领群体一般是靠前的，但是蚂蚁消金服务的客户，职业类型是蓝领为主，制造业工人、建筑业工人、批发零售从业者是排名前三的职业类型。这从侧面说明，我们小额普惠的服务特点，与其他金融机构形成客群互补。

与此同时，蚂蚁消金会针对特色人群提供金融服务，例如通过新市民陪伴计划为毕业生或新到一个城市打拼的人群，提供应急贴免息、分期免息等相关服务，帮助其解决落地新城市的资金门槛问题。

（二）普惠的线上与线下场景

拓展场景服务。蚂蚁消金致力于消费场景的广覆盖，通过分期等商家工具促消费，助力实体经济。在零售批发、餐饮、生活服务等8大领域，全国超4000万户商家支撑花呗收款，基本完成对消费场景的全覆盖。

据调研发现有9成商家认为，分期工具可以带来30%的销量提升，带动店铺销量提升15%。消费金融另一端连接商户，是否能促进商家的经营与销售，也是消费金融的重要价值。在场景和商户价值上，蚂蚁消金有两个特点，第一商户覆盖广，当前服务的商户数超4000万，借助整个支付宝所搭建的支付网络，蚂蚁消金的商户网络非常丰富，这当中，有很多是过去信用卡pos机无法覆盖的商户，比如临街餐饮店、公交地铁等，整体来说，与居民日常生活消费、与餐饮、出行、缴费、医疗、生活百货等民生场景结合非常紧密。第二个特点，对于商家而言，蚂蚁消金的产品不仅仅是金融工具，也是商户的经营工具，以花呗分期这个产品为例，超70%的分期消费，用户是无需支付利息的，这个利息是由商家支付，商家愿意为用户提供分期免息的方式，因为这种功能能提升商户的销量。根据我们的商家调研，大部分商家表示，能提升15%—30%，所以，商家把分期免息作为了喜闻乐见的商品促销工具和手段，真正把金融运用于实体经济增长。

（三）消金践行金融健康

践行金融健康。首先，蚂蚁消金提供的主要是小额消费金融，尽量追求合理的授信，遵循额度的适当性原则，花呗户均额度低于1000元，借呗户均贷款余额为低于5000元。

其次，蚂蚁消金利用互联网工具的优势，把倡导理性借贷作为核心理念，推出账单助手这样的产品工具，用户可以通过这个工具，自主设定额度，调低额度。账单助手能进行超额提醒，大笔消费提醒，从而帮助用户更好地管理自己的花费，理性消费，理性借贷。目前账单助手开通人数达到2.4亿，90后用户超过1亿，而且，使用该工具的用户，在还款上的表现也是更优异的；使用账单助手功能的用户，平均账单金额下降了5%。在支付宝APP内上线蚂蚁消金理性借贷教育专区，累计浏览量超过1亿人次。超6000万人订阅花呗明星来电，用自己喜欢的明星或声音来提醒自己按时还款。

最终，蚂蚁消金重视消保教育工作，从2023年开始，蚂蚁消金和同业伙伴一起，推出了金融教育花花车，与17家金融机构合作已开展100余场科普活动，花花车开到大街小巷，也把征信知识、反电诈、反非法集资等等金融知识也带到了大街小巷，花花车的形式比较生动活泼，尤其受到年轻用户的喜爱，共同助力全民金融素养提升。

三、蚂蚁消金数字化技术赋能普惠金融整体战略

（一）数字化技术整体战略

为了进一步做好普惠金融，蚂蚁消金制定了数字技术赋能普惠金融的整体战略。以"稳定安全、风险控制、成本效能"3大特色为牵引，构建"九"大数字化领域，全面提升赋能普惠金融的质效。我们从"数字化金融基础设施、数字化信贷风控、数字化智能运营"分别介绍下相关体系化建设的情况。

（二）数字化基础设施

基础设施能力建设；面对海量用户、高并发场景，我们构建了一套极致、稳定的信贷科技体系，来支撑业务的发展。通过"异地多活的基础设施、大数据实时计算引擎、一站式技术风险运营、可靠的纵深防御引擎"等搭建了坚实的基座能力。从而支持了贷前每天千万级授信能力，贷中单

笔只用42ms的极致体验，以及支持每天10亿级别海量的账单查询逻辑。可以说数字化基础设施，为业务发展奠定了坚实的基础。

稳定性保障体系建设；通过建设"事前"流量仿真平台，实现了全域核心应用100%接入，核心链路共千余场景的覆盖，提升技术风险事件故障发现能力。构建"事中"资金异常实时熔断平台，实现计收费链路的100%资金异常熔断覆盖。搭建"事后"自动化风险应急处置能力，完成全量系统链路的分级"1-5-10"（1分钟发现、5分钟定位、10分钟恢复）应急响应能力覆盖。实现常规风险事件应急处置的0人工干预，进一步提升技术风险防控水平，达成全年"0重大故障、0资损、0安全事故"的总体目标。

（三）数字化信贷风控

要做好消费信贷，就必须要解决好风险控制的问题。持续打造以风控科技为驱动的数字化信贷风控体系，建设从风控数据到风控服务的全流程数字化。该体系具备风控数据实时采集和加工、风控模型的一站式研发部署、风控策略机器人、风控服务的可视化编排以及完善的风险运营平台能力，实现普惠人群贷前小额精准的准入、贷中根据客户风险和信贷需求的动态额度管理，以及贷后环节对客户信贷风险的实时洞察，降低逾期风险。

在风控科技上，蚂蚁消金整体客户群里，有很多是原先无法获得消费金融服务的人群，我们可以服务这些客群的关键是数据技术、AI技术、云计算技术的运用，通过科技驱动普惠。

在信贷贷前，我们有一套完整的核身系统，来确保本人使用。 同时，在用户画像上，蚂蚁消金非常重视数据的厚度和运用深度，通过消费模型、收入模型、征信模型、信用评分模型、多头借贷模型，对用户进行综合评估。这其中的特色是，我们根据不同的客户群体，会有不同的贷前风控和准入策略。以外卖员为例，在传统的风控模型下，这类蓝领群体要申请信用卡，难度是比较大的，收入稳定性不强，但线上化的数据风控给我们提供了空间，除了常规的征信报告查询等方式，我们还可以观测其在移动支付工具上的消费情况，在外卖平台上的从业时长、好评率，甚至勤奋程度等，从而预测其收入状况与稳定性，给予相应的额度。

在信贷贷中，蚂蚁消金遵循"小额分散、测试先行"的理念进行初始授信，在客户信用状况不清晰的情况下，往往是从非常小的额度起步，可能是几百元，风险审慎，当客户不断累积消费数据、平台交易、还款记录后，逐步提升额度，陪伴客户的信用成长，对客户进行分层，因为是在线化的，所以对于客户额度的调整会更加便捷和灵活，在一些消费节点，比如双11，还会给予客户动态的临时额度。

上述信贷风控领域，在底层都依赖于蚂蚁消金独立研发的风险策略机器人。风险策略机器人类似能跟风控人员对话的chatGPT。比如针对双11，对比较有消费需求的用户进行针对性的大促节点额度提升，我们就会制定相应的约束条件，比如预计希望总提额数字，风险目标，余额目标等，将任务给到策略机器人。策略机器人进行任务解析，然后去寻找对应人群，在地域、年龄、职业、活跃度等各类指标下，去做人群探寻。如果使用人工进行策略制定，工作量会非常庞大，但是通过策略机器人，就会便捷很多，通过进行超大规模运筹优化求解，对各种可能性排列组合，找最优解。在得到最优解后，策略机器人进行一站式策略部署，令其生效，上线后，再进行监控，观测其使用情况及对应的不良资产生成情况，以便于快速灵敏地调整优化策略。

（四）数字化智能运营

随着大模型为代表的生成式AI的兴起，蚂蚁消金信息科技的"数智+"战略也逐步落地，蚂蚁消金以蚂蚁金融大模型为底座，在可控可信、安全性、适当性、事实性的基础上，构建了"数智+"金融服务的新模式。将运营的洞察分析、智能决策、运营控、自动评估，形成标准通用平台化能力，实现7×24小时全天候数字化服务、秒级准入动态授信的数字化风控、自动化配置化的经营，以及独具特色的数字化消保服务。

四、蚂蚁消金创新应用

（一）金融反欺诈技术

随着蚂蚁消金公司业务的逐步开展，金融服务过程中相关的欺诈现象也随之而来。部分非法用户通过伪造假章、假证、提供虚假证明来获取非法利益，业务审核人员肉眼很难识别。同时，这类欺诈行为已由个体化向团伙化发展，甚至形成黑色产业链，金融欺诈已成为金融行业的共识问题。

针对这类问题，蚂蚁消金开展了多项数智化金融反欺诈治理实践。比如，运用材料篡改检测技术（基于多模感知识别）、图挖掘图推理技术（基于大规模金融知识图谱）、隐私计算技术推动行业黑产联合治理。利用凭证材料内容理解技术和通用篡改检查技术，金融凭证材料微小改动可被识别发现；利用图挖掘图推理技术，实现黑产线索快速定位洞察；通过隐私计算和联合建模与机构形成联合治理方案，则可以不断提升金融场景欺诈识别的自动化、智能化水平。

通过数智化的欺诈治理，蚂蚁消金的金融凭证假证识别技术准确率达到97%以上，大大提升金融材料识别精度和人审效率，自动识别超10种诈骗手段，累计呼叫提醒超10万人。在社会治理上，蚂蚁消金助力重庆市公安完成首例科技打击黑产团伙。

（二）交互式信用成长体系

随着生活品质的提高与消费的升级，用户对于信贷额价的诉求会有更高的要求，而收入、资产作为衡量用户信用资质的重要依据，是提升授信额度的关键参考因子。因此，为了尽可能客观还原用户的真实收入，如何向用户开放可以自主提供收入数据的服务渠道，从而更好帮助用户增信并实现额度成长，提升用户体验，是当前消费信贷场景面临的共同问题。这个过程中，有效识别用户提交的多模态数据与有效验证用户提交数据的准确性与真实性是该场景下面临的核心难点。通过不断探索，蚂蚁消金建立了一套以多模态数据采集、识别、验真为核心手段的自证信用成长体系。

自证数据的有效识别，一是指对用户提交的非结构化的多模态数据能进行精确的结构化识别，二是对结构化识别的结果数据进行满足业务诉求的二次识别或数据处理。以毕业证自证的识别过程为例，用户通过拍照的方式上传毕业证拍图进行自证的过程中，首先需要对毕业证拍图中的关键字段如毕业证编号、学生姓名、学校名称、毕业证类型等进行精确识别，即结构化识别阶段；其次，需要对识别到的毕业证关键要素与客户档案信息进行交叉验证，即二次识别与处理阶段。通过上述两阶段的处理，才能准确获取到在业务层能应用的结构化数据，两阶段处理中也均应用到了图文类识别相关智能化算法。

自证材料的有效验真，通常也包含多种手段，常见的手段如实名验真、交叉验真等，如将识别到的用户实名信息与系统中的实名信息进行校验，实名信息包括但不限于姓名、身份证号、手机号、银行卡号等；此外，在自证的验真环节中还应用到了图像的篡改验真手段，在目前自证场景下，用户提交的数据几乎都是包含用户增信源数据的图片形式，对于图片中的数据源进行篡改检测是有必要的，也是自证场景下数据验真的特色之一。

自证算法能力主要分为三层：一是基础能力层，对于算法平台的基础开发工具、基础算法能力的依赖层，主要提供算法开发、部署、算力、原始数据、数据处理等基础能力；二是原子模型层，基于业务需求与基础能力层沉淀的多种算法通用模型与原子技术能力，会一直持续迭代与横向扩展，为上层的具体业务应用模型提供支持，是算法侧的核心能力层；三是应用模型层，根据已有的或可预见的具体业务场景需求，将原子模型或能力统一进行组合封装层多类通用化的应用模型，通过一种或几种通用应用模型的组合完成对业务场景的算法定制化。

（三）数字化信息安全

在新形势下，信息安全防护面临着全新的挑战。AI智能化攻击悄然而生，而既有的防护措施受限于系统、架构的约束，往往不能及时有效发挥作用。回顾整个信息安全体系的演变过程。最初，在传统的外挂式安全体系阶段，安全体系搭建成本低，能够快速被各类企业所接受。但是受限于外层观测能力上的瓶颈，应对深层次的对抗和治理要求，好比隔靴搔痒，效果不佳。随后，进入内嵌式原生安全体系阶段。在这个阶段，安全体系更贴近应用，在对抗和治理效果方面有显著提升，然而受限于需要协同业务方同步迭代修改，就像绑腿走路，安全防御和业务发展的协同成本很高，应急止血效率低。基于这类安全行业普遍存在的问题，蚂蚁消金落地应用安全平行切面解决方案，该方案的精髓在于通过"融合、解耦、智能"三大特性，最终实现信息安全防御能力和效率上的跨越式提升。融合，指安全能力深入到业务内部，避免出现隔靴搔痒的问题。解耦，指安全和业务能同时保持各自独立演进的能力，避免出现绑腿走路的困境。智能，指通过应用基础行为智能画像，可以实现干预能力的智能决策，使整套体系具备更精准的感知和干预能力。

蚂蚁消金依赖"安全平行切面"技术体系，实现了安全攻防与治理领域能力与效率的跨越式提升，主要应用在网络安全对抗、安全合规治理等场景。在2021年全球log4j2漏洞爆发，正值"双十二"购物节流量洪峰，该技术零误拦零漏拦完成了"双十二"安全保障工作，并稳定支撑消金公司各类重保和HW演练。至今，这套技术体系运行仍保持"0故障"记录。

五、蚂蚁消金金融人才发展

（一）人才培养方面

在科技人才引进与培养方面，蚂蚁消金成立三年来，持续加大人才引进力度，每年人才数平均增长超40%，目前科技人员占公司人数超50%，其中硕士及以上占比超50%，占比居行业前列。针对不同岗位，公司还设置了针对性的培养和轮岗计划，尤其是在智能化、大数据、科技风险等方面，定期组织相关课题的行业内化交流、内部课题研究与分享等，加速科技人才的孵化成长。

（二）产学研合作方面

近些年，蚂蚁消金持续加强在重点人工智能领域与学术界的产学研合作。蚂蚁消金成为中国计算机学会数字金融分会常委单位，公司研发的《基于模型对抗的数字金融反欺诈项目》获选2023CCF企业数字化发展优秀案例。蚂蚁消金与重庆大学签署专项合作协议，双方将继续深化在反欺诈联合建模、AI生成技术等领域合作，探索对新型作假手段的提前感知，以及图片、文本、语音的整合判别建模。双方自2022年开展"金融反黑产反欺诈—人证识别"产学研合作项目来，通过构建公章唯一性检测模型、公章检索模型、通用PS识别模型，使假证的识别准确率达到97%以上，有效提升识别精确度并大幅降低人工审核成本，进一步防止灰黑产套利行为发生。蚂蚁消金通过蚂蚁—CCF隐私计算科研基金，与华中科技大学达成合作，在个性化的联邦学习领域开展合作，持续加强与同业机构的能力建设。

（三）成果落地，持续提升金融科技实力

公司不断加强技术沉淀，持续提升在全国金融领域的技术影响力。获得64项专利并荣膺2023金融科技应用创新奖、CCF企业数字化发展优秀案例等重要奖项。成为全国首家通过数据安全管理认证的消费金融机构，并一举获得ISO27001信息安全管理、ISO27701隐私信息管理、ISO22301业务连续性管理三个体系认证证书。推动公司科研技术在2023中国国际智能产业博览会、中国金融科技大会、2023年度重庆市网络安全宣传周等多个重要外部活动首次亮相。

六、总结

蚂蚁消金将继续加快推进数字技术能力建设，推动经营模式和治理模式数智化变革，携手构建开放共赢的金融生态，助力服务实体经济，不断增强高质量发展的新动能，为实现中国普惠金融发展贡献力量。蚂蚁消金将秉承"让金融更科技、让服务更智能"的"数智+"理念，让金融服务更好地惠及每一位金融消费者。

地方金融组织在普惠金融中的角色与作用

董希淼

从"发展普惠金融"正式提出以来，普惠金融在我国走过十多年之久。十多年来，我国基本形成了多层次、广覆盖、有差异的普惠金融服务体系，普惠金融理念逐渐深入人心，普惠金融产品不断丰富、服务成本稳步下降，金融服务覆盖率、可得性持续提升，人民群众获得感、满意度持续增强。总体而言，我国普惠金融发展迅速，成效显著。这其中，地方金融组织发挥了一定的积极作用。下一步，应继续加强对地方金融组织的引导和监管，推动地方金融组织健康稳健发展，更好地服务普惠金融重点领域和薄弱环节。

一、地方法人金融机构深耕本地市场

目前，我国基本形成了由银行信贷、债券市场、股票市场、风险投资等组成的全方位、多层次金融支持服务体系。其中，银行业是普惠金融服

董希淼，招联首席研究员、复旦大学金融研究院兼职研究员。

务主体，商业银行、政策性银行抢抓机遇，非银行金融机构积极参与。此外，征信平台、科技公司发挥了补充的作用。各类银行机构立足各自功能定位和服务特点，对不同客户群体提供差异化的产品和服务，持续提升供给能力和供给水平。其中，地方法人金融机构的作用不可或缺。

地方法人金融机构以中小银行为主，主要包括城市商业银行、农村商业银行、农村信用社、村镇银行等，既具有区域性地缘优势，也具有体制机制灵活、决策链条短等"船小好掉头"优势。近年来，地方法人金融机构通过加快数字化转型、产品和服务创新深耕本地、服务实体，在数字普惠金融等方面进行积极探索和实践。如重庆三峡银行提升大数据、物联网等前沿科技的运用能力，提升内外部数据整合和运用能力，深度挖掘金融与制造业的数字化应用场景，运用交易数据和场景数据，增强对客户信用等级的精准识别能力，创新制造业企业增信模式，探索建立"白名单制度"，推动银行信贷重抵押模式向重交易信用模式转变。该行还扩展产业链、供应链金融服务范围，定制研发与企业特性相匹配的金融产品，为上下游中小微企业提供数字化、智能化、便捷化的普惠金融服务。西藏银行与当地政府合作，全面开展农民工实名制管理和工资银行代发业务，实现与国家建筑工人实名制管理数据平台中心对接，采取建立绿色通道、开设专门窗口、实施跨省区代发、上门服务等形式，推出农民工"民薪贷"等优惠政策。

如安徽亳州药都农商银行，一方面坚持金融科技赋能，一方面发挥客户经理作用，运用大数据、人工智能等开发出纯信用、无抵押的信贷产品"金农易贷"等，以真实、精准、更新及时的数据为支撑，以手机银行、个人网银为载体，实现客户贷款授信申请、准入检查、授信评级、风险预警等七方面的自助化，充分满足农村地区和药材批发市场客户"短小频急"的金融服务需求，服务了本地42%左右的居民。北京农商银行针对老龄化问题，以"养老助残卡"和"民政一卡通"为介质，为老年人提供"出行+消费+理财+政补"一体化服务，探索适老化金融模式。

如贵州富民系村镇银行为解决客户"小、急、频"的金融需求，大力实施"整村建档、连片授信"普惠金融工程，开展普惠大走访活动，逐村逐户进行调查，实现农村地区客户获得简单、方便、快捷的综合金融服务。截至目前，富民系村镇银行为村民建档户数已达110.36万户。同时，富民系村镇银行大力推广全流程线上快速办贷，结合移动终端、丰收互联、普惠全流程系统、网格化管理系统和移动展业平台为载体的移动上门服务，办贷服务效率得到有效提升，30万元以下非抵押类客户可以实现"0次跑银行"获得贷款支持，受到农户、小微企业主等客群好评。

二、地方金融组织发挥积极作用

所谓地方金融组织，此前一般是指"7+4"机构。其中，"7"为小额贷款公司、融资担保公司、区域性股权市场、典当行、融资租赁公司、商业保理公司、地方资产管理公司等7类机构；"4"是指地方各类交易场所、开展信用互助的农民专业合作社、投资公司、社会众筹机构等4类机构。2021年12月，中国人民银行公布《地方金融监督管理条例（草案征求意见稿）》，提出：地方金融组织是指依法设立的小额贷款公司、融资担保公司、区域性股权市场、典当行、融资租赁公司、商业保理公司、地方资产管理公司以及法律、行政法规和国务院授权省级人民政府监督管理的从事地方金融业务的其他机构，即"7+N"类机构。

地方金融组织作为普惠金融重要补充，在服务普惠金融重点领域和薄弱环节、填补金融市场空白和缝隙等方面发挥了一定的积极作用。具体而言，小额贷款公司贷款在信贷投放上具有灵活、便捷、小额、分散等特点；

融资租赁公司可以发挥"融资+融物"产业优势；商业保理公司助力发展供应链金融，推进商业信用体系建设；融资担保公司帮助小微、"三农"主体增信，提高金融服务可得性；区域性股权市场具有平台整合、资源配置作用；典当行满足经营主体资金应急周转等需求，地方资产管理公司助力中小金融机构处置不良资产。

从实践看，各地各类地方金融组织整体规模大小不一，发展水平参差不齐。总体而言，小额贷款公司、融资租赁公司、商业保理公司、融资担保公司、区域性股权市场、典当行、地方资产管理公司在服务小微企业、个体工商户和"三农"主体等普惠金融重点客群方面，发挥着较为直接和积极的作用。

（一）小额贷款公司

2020年9月，原中国银保监会办公厅发布《关于加强小额贷款公司监督管理的通知》，提出小额贷款公司应当依法合规开展业务，提高对小微企业、农民、城镇低收入人群等普惠金融重点服务对象的服务水平，践行普惠金融理念，支持实体经济发展。在此背景下，小额贷款公司不断加大对普惠金融的支持力度。数据显示，截至2023年12月底，全国共有小额贷款公司5500家，贷款余额7629亿元，小额贷款公司日益成为普惠信贷的重要补充。

如宜春市袁州区鑫达小额贷款有限责任公司作为宜春市唯一的市属国有小额贷款公司，主要为"三农"、小微企业和个人提供专业的金融服务。以"三农"为例，鑫达小贷持续探索支持"三农"发展的授信方式，创设"三农贷"，主要针对农民、农村、农业，提供短期流动资金贷款，用于农业基础设施建设、高效种养殖业、农副产品加工、农资服务等，固定年利率为5.04%。同时，针对农业企业无重资产可抵押的情况，鑫达小贷创新开展"保证+应收账款质押""保证+第二顺位抵押""保证+林权抵押"等担保方式，基于企业经营情况和实际困难，做到风控措施灵活多样、针对性强，因地制宜满足企业需求，助力乡村振兴。自展业以来，鑫达小贷共服务涉农企业48户，放款金额达9220万元，涉及宜春大米、万载油茶、上高中药材产业、畜牧业、综合农场、特种养殖等多个农业领域。

而京东科技发起服务中小微企业的"助微倍增"项目，为上百万家中小微企业累计提额超20亿元。山东鲁信小贷开发"设施农业贷款"，为不同类型的农业企业"量身定制"贷款方案，既满足了企业融资需求，又带动了当地农民就业增收。青岛城乡小贷聚焦城市热电行业清洁燃料供货交易场景，为热电公司上游企业提供生物质燃料供货订单融资服务。洛阳华泽小贷为破解市场主体续贷转贷难题、化解民间高利"过桥"风险，成立"华泽豫西北金融服务中心"。

（二）融资租赁公司

近年来，越来越多的融资租赁公司立足租赁本源，充分发挥"融资+融物"产业优势，为中小微企业提供多样化的融资产品与金融支持方案，满足企业的金融需求。这成为融资租赁公司落实普惠金融政策、推动实现高质量发展的一个重要着力点。

如某科技公司致力于数字经济大数据平台运营和人工智能绿色算力中心建设，由于新增大量订单，再加上投资新建数据中心，急需补充自身流动资金。但其产业较新、项目为新建，银行等金融机构资金较难介入。2023年6月至今，华科融资租赁有限公司通过直租和回租等多种模式共支持其5000万元，为其从上游采购资源到下游客户生态提供全面支持，并延伸到AI在影视文化娱乐领域的率先快速应用，提升设备资产的产能利用率。尽管由于美国制裁造成芯片货源极度短缺，但该公司在华科租赁支持下抓住窗口机遇，快速崛起为国内具有从设计到实施和运维一体化服务能力的算力软硬件系统提供商。

此外，在金融科技与普惠金融深度融合的时代背景下，部分融资租赁公司借助科技力量不断破解普惠金融发展中的痛点与堵点，探索出新的发展路径。如海尔融资租赁敏锐洞察市场趋势，将金融科技优势与普惠金融业务深度融合，成功打造出"海融云服"这一数字化服务平台。"海融云服"平台打破中小微企业融资服务的物理边界，通过链接广泛的数据源，压缩风险审查时间，缩短小微客户借款申请的平均耗时。同时平台还运用AI智能识别、自然语义分析等技术手段，精准匹配小微企业融资服务需求，提高服务覆盖面、可得性和便利度。截至2023年12月底，已有超过1700名客户通过该平台获得融资服务，初步实现普惠融资的增量、扩面和提效。

（三）商业保理公司

商业保理在整个经济循环中发挥着微循环作用，是产业链上中小企业的"毛细血管"，不仅能够助力中小企业破解融资问题改善现金流，还有助于供应链核心企业及其上下游企业树立诚信合规意识与契约精神，健全商业信用体系。近年来，商业保理行业践行普惠金融理念，优化管理服务，通过多种保理业务盘活资金，为核心企业及上下游产业提供相应的应收账款服务，发挥了积极作用。

如深圳华菱商业保理有限公司打造以区块链为底层的供应链金融平台"华菱通宝"，努力解决保理业务在线"确权"问题。湖南钢铁体系内核心钢厂基于应付账款，向其供应商在线签发可分拆流转的电子债权凭证"华菱通宝"，具有可差额转让、可在线融资、可持有至到期收款等特点。供应商基于"华菱通宝"在平台内申请在线融资，可快速获得资金支持。在此基础上，华菱保理推出针对废钢行业客户的池保理产品，服务了湖南钢铁产业链上80%的废钢供应商，三年间合计为废钢客户提供低成本保理资金约110亿，累计为废钢行业节约融资成本约2亿元，不但支持中小企业发展，还促进绿色产业升级。

此外，中国电信旗下的天翼商业保理有限公司，依托电信产业链大数据、应收账款、交易数据等，创新推出了订单通、企惠融、项目翼融等多种保理业务产品。此外，该公司近期上线的E橙信业务，进一步丰富了平台产品，延展了服务能力，可以为中国电信供应链上下游合作方、集成商、供应商、分包商等提供数字化、精准化、前置化融资服务，也为中国电信的各省公司、集成公司、实业公司提供便捷高效的定制化供应链金融解决方案。

（四）融资担保公司

融资担保公司通过与金融机构合作，可以实现风险的共同分担，有效降低单一金融机构的风险，增强其对小微企业和'三农'主体放贷的意愿，从而提高整个金融体系的稳定性和服务实体经济的能力。此外，一些融资担保公司自身还积极利用技术赋能，加大线上展业及产品的开发力度，助力实体经济发展。

在国家层面，国家融资担保基金再担保业务规模逐步扩大。数据显示，2023年国家融资担保基金再担保合作业务规模达1.31万亿元，同比增长8.67%。同时，国家融资担保基金与全国所有35家省级再担保机构、1500余家市县担保机构开展合作，业务覆盖2602个县（区），2023年再担保合作业务的平均担保费率和贷款利率均有所下降。

在地方政府层面，融资担保机构对普惠领域的支持力度持续增强。如浙江省担保集团以科创企业、小微企业为重要服务对象，推出"科创保""人才保""专精特新保"等专项产品，指导全省政府性融资担保机构加强对科技型企业、人才型企业、"专精特新"企业支持，引导全省担保资源向科技创新领域倾斜。截至2023年12月底，浙江省政府性融资担保业务余额达1462亿元，较好地发挥了财政政策工具和金融基础设施作用。截至2023年12月底，上海市政府性融资担保机构共10家，融资担保在保余额817亿元，其中小微企业直接融资担保金额约占九成；广东省政府性融资担保机构40家，融资担保金额1073亿元，其中为小微企业和"三农"主体提供融资担保服务810亿元。

在市场机构层面，商业化融资担保公司与政府性融资担保机构合力扩大小微融资覆盖面。如平安担保，在超过15年的小微融资业务经营中，基于小微群体的融资需求和信用特点，发展出与金融机构差异化的全流程获客、风控和科技能力，以"全线上业务流程+线下咨询服务"模式覆盖各类小微客群，破解小微信贷获客难、风控难、商业可持续性弱等行业瓶颈。平安担保还在业内率先推出了全线上的人工智能小微信贷解决方案"行云"，通过拟人AI客服完成客户交互，大幅降低客户申请过程的认知门槛和操作难度，减少等待时间。

（五）区域性股权市场

区域性股权市场作为我国多层次资本市场的重要组成部分，在助力乡村振兴过程中发挥着重要作用，是落实金融支农举措、拓宽"三农"融资渠道、支持"三农"发展壮大的重要力量。

以广东省为例，广东省面临着农业资本市场基础与农业大省地位不相匹配的局面，亟须充分发挥多层次资本市场平台作用，推动更多农企借助资本市场提速发展。近年来，广东股权交易中心积极创新，探索出了一条"科技+普惠+金融"有机结合的新路子，打造了金融支农创新的新模式。具体为，广东股权交易中心与广东省农业农村厅共同设立"广东乡村振兴板"，为农企提供"孵化培育＋政策匹配＋融资对接＋知识产权＋金融路演＋股改规范＋上市辅导"全链条综合金融服务。

截至 2023 年 12 月底，广东乡村振兴板挂牌展示企业合计 464 家，帮助 263 家企业获 11 家银行 79.52 亿元融资授信，96 家企业实现银行融资 15.93 亿元，10 家企业获得股权融资 18.51 亿元，帮助 1 家企业完成股改，推动 11 家企业启动股份改制，1 家企业在广东证监局完成辅导备案。在重点产业方面，涵盖种业、设施农业等重点产业企业 127 家，帮助各类重点产业企业获得银行融资超 2 亿元。广东股权交易中心在服务农企助力县域经济发展方面取得了丰硕成果，乡村振兴板建设入选了农业农村部 2023 年地方金融支农十大典型案例，在省内和业界形成了广泛影响力。

（六）典当行

典当作为民间的一种历史悠久、难以替代的融资方式，因其小额、快速、灵活、门槛低、抵质押物范围广、手续简便等特点，在普惠金融中发挥着拾遗补缺的作用。典当行通过"物钱交换"，为小微企业及个体工商户、居民个人缓解融资难题，填补了主流金融机构覆盖不到、不愿覆盖的市场空隙，达到了普惠金融中"普"的要求。而且，在面对客户"急用钱"的情况下，与许多不合法的高利贷借款相比，典当行的息费相对规范且合理，一定程度上也体现了"惠"的要求。

一般来说，银行由于受到严格监管，准入、审核、放款流程较为烦琐且缓慢，可能短时间内无法解决客户的燃眉之急，典当行在这之间就扮演了"灭火、救场"等角色。特别是小微企业和个体工商户遇到紧急的资金困难时，可以通过典当行来解决融资难的问题。如陕西裕隆典当行借款额度灵活，可依据典当物品为客户提供定制灵活的融资解决方案，少则百元、多则百万，短则几天，长则数月，随借随还，"救急"的同时，也"惠"及了广大客户。

（七）地方资产管理公司

近年来，地方资产管理公司（地方AMC）作为专业的不良资产经营处置机构，充分发挥配置金融资源的功能优势，在落实金融行业"服务实体经济、防范金融风险、深化金融改革"三项任务中发挥了独特作用。同时，地方AMC围绕民营、小微企业和个体工商户的金融需求，创新产品和服务模式，提升普惠金融服务的精准性、适配性，助力小企业成就大事业。

如山东省金融资产管理公司积极响应服务中小银行改革化险DE政策号召，系统研究服务中小银行改革化险配套业务模式，积极对接山东农信联社及各市农商行，探索不良资产合作处置机制，多措并举助推中小银行强身健体、夯实资产质量。2024年1—5月累计收购中小银行不良资产包10个，广泛试点"结构化交易和反委托清收"交易模式，利用"收益分成"机制有效解决不良资产定价分歧，切实提升不良资产成交效率。华融晋商资产管理有限公司则不断探索对绿色金融的不良资产服务，通过对省内绿色贷款、绿色债券、绿色信托、低碳金融产品等不良资产的收购处置或重组，探索对困难企业拥有的碳排放权、用能权的价值判断及价值的实现方式。

三、存在的不足与对策建议

对地方金融组织的积极作用，国务院及相关部门多次给予肯定。2021年12月，中国人民银行在《地方金融监督管理条例（草案征求意见稿）》起草说明中指出，"近年来，地方金融业态快速发展，在服务地区实体经济和中小企业融资方面发挥了重要作用"。2023年9月，国务院印发《关于推进普惠金融高质量发展的实施意见》，要求："发挥小额贷款公司灵活、便捷、小额、分散的优势……引导融资担保机构扩大支农支小业务规模，规范收费，降低门槛。支持金融租赁、融资租赁公司助力小微企业、涉农企业盘活设备资产，推动实现创新升级。引导商业保理公司、典当行等地方金融组织专注主业，更好服务普惠金融重点领域。"

但是，在经济下行周期，叠加疫情冲击，中国金融业难以避免的周期性问题、长期积累的结构性问题逐步显现。在这样的大背景下，地方金融组织面临的困难和挑战更大。目前我国地方金融组织超过3万家，由于缺乏有效监管和自我约束，经营管理不规范、存量业务风险大、消费者权益保护不到位等不足和问题不同程度存在，在部分地区和一些机构表现还很突出。近年来，金融监管部门对数量庞大的地方金融组织采取"控新增、降存量"的策略，地方金融组织数量整体上呈现下降趋势。下一步，应多方发力，多措并举，协同施策，形成合力，以新的举措推动地方金融组织健康防范化解风险，努力实现可持续发展。

首先，地方金融组织层面要发挥好主体作用。一是明确定位，回归本源，以服务普惠金融重点领域和薄弱环节为主要目标，将小微企业、农民、城镇低收入人群等作为重点服务对象。二是应进一步完善公司治理，从资金管理、催收管理、信息披露、保护客户信息等方面进行规范，努力建立起现代企业制度，树立起科学的经营理念。三是加强风险防控，形成全面风险管理体系，构建完善风险监测体系，防患于未然。四是坚持金融科技引领，加大互联网、大数据、人工智能、区块链等科技手段的运用力度，努力改变"普惠金融不数字，数字金融不普惠"现象，打造更加健康的数字普惠金融新生态。

其次，金融管理部门层面要加大政策支持和监管力度。一是要支持地方金融组织发挥市场化机制优势，适当放宽融资杠杆、丰富融资渠道，稳步推进业务创新、服务创新，为小微企业、乡村振兴等提供更有针对性、更具普惠性的金融服务。二是要加强和完善对地方金融组织的监管。引导地方金融组织提升经营管理，加强行业自律，努力实现可持续发展。在实际工作中，应坚持原则性和灵活性的统一，中央金融管理部门负责制定监管制度，授权地方金融监管部门因地制宜进行细化，发挥好地方政府的主观能动性，减少"一刀切"监管带来的弊端。三是健全数字普惠金融监管体系。要将数字普惠金融各类机构、各种业态全面纳入监管，实现监管全覆盖、无盲区；加快金融科技监管试点，更多地运用金融科技特别是监管科技等手段来提升监管数字化智能化水平，提升对数字普惠金融领域监管效能，更好地防范数字普惠金融领域风险，不断提升数字普惠金融稳健发展能力。

再次，地方政府层面要创造良好生态环境。一是要压实地方政府属地风险处置责任。目前，多个省份已经出台地方金融条例，明确地方政府防范和化解金融风险、维护区域金融稳定等职责，并赋予属地金融风险处置权。下一步，应引入更多专业人才、建立风险处置基金，提升属地风险处置能力。二是地方政府要恪守行为边界，到位不越位。在地方金融组织经营管理、重组改制过程中，地方政府重在发挥组织、协调等作用，不应过度干涉。还要不断优化地方金融生态，严厉打击各类金融违法行为，及时清除危害基层金融生态的行为，营造良好的环境和氛围。三是地方政府加强对地方金融组织的激励和引导。如通过风险补偿、风险分担、专项补贴等方式，引导和支持地方金融组织加大对小微企业、个体工商户和"三农"等领域的信贷支持力度，降低借贷成本，改善金融服务。此外，还应特别关注有较大概率出现流动性风险、舆情风险苗头的地方金融组织，及时预警、提早调整，做好应急预案安排。

最后，社会层面要引导公众全面正确地理解普惠金融，不断提高普惠金融服务对象的金融素养，为包括地方金融组织在内的各类机构服务普惠金融创造更加良好的社会氛围。

一是要认识到普惠金融不等于全民金融。大力发展普惠金融，并不是号召全社会都去从事金融服务活动，更不是鼓励全民都投身金融创业。一哄而上、全民干金融，容易引发金融失序并形成较为严重的社会问题。要重视发展普惠金融与金融稳定的权衡问题，坚决守住不发生区域性、系统性金融风险的底线。

二是要认识到普惠金融不等于慈善金融。普惠金融的服务对象不仅是低收入和困难群体，而是所有人。国际经验与研究表明，仅仅依靠慈善、捐赠等公益性措施发展普惠金融，或者以低于成本的价格向弱势群体提供金融产品与服务，往往事与愿违，甚至适得其反——要么很快遇到发展瓶颈，无法将普惠性深入发展，使得普惠金融停留在表面上，这是印度的教训；要么产生"使命漂移"，形成道德风险的温床，以致危及金融稳定，这是孟加拉国的教训。

三是应提高金融消费者金融素养。经验表明，公民金融知识水平和信用文化状况等金融素养，在很大程度上制约着金融业深度和广度。当前，从总体而言，我国金融消费者群体的金融素养有待于进一步提高。应该进一步增强金融教育方式多元化、有效性，着重加强风险认知能力培养，切实提高普惠金融消费者金融素养特别是风险识别和防范能力。

另外，应加快出台《金融法》《金融稳定法》，特别是《地方金融监督管理条例》《网络小额贷款业务管理暂行办法》等法律法规和监管制度，进一步明晰金融业基本制度和监管框架，明确中央和地方监管职责分工、加强协同配合，确立地方金融组织法律地位，加快优化多层次、广覆盖、有活力的地方金融组织体系，更好地发挥地方金融组织对正规金融机构的补位作用，进一步促进普惠金融高质量发展，为各类经营主体特别是小微企业、普罗大众提供优质高效的金融服务。

参考文献：

焦瑾璞. 构建普惠金融体系的重要性［J］. 中国金融，2010（10）：12-13.

周小川. 践行党的群众路线推进包容性金融发展［J］. 中国金融，2013（18）：9-12.

中国人民银行金融消费权益保护局. 中国普惠金融指标分析报告（2021年）. http://www.pbc.gov.cn/goutongjiaoliu/113456/113469/4671788/index.html

李钧，李冠青. 普惠金融的历史演变及其在中国的发展［J］. 经济与管理评论，2023（2）：69-82.

尹志超，文小梅，栗传政. 普惠金融、收入差距与共同富裕［J］. 数量经济技术经济研究，2023（1）：109-127.

董希淼，李思成，廉婧. 亚洲地区普惠金融发展实践与建议［J］. 金融纵横，2021（12）：37-42

保险业普惠金融发展探索和经验

——以普惠保险为例

郭金龙　章苌今

党的二十大报告明确指出，健全覆盖全民、统筹城乡、公平统一、安全规范、可持续的多层次社会保障体系，促进多层次医疗保障有序衔接，积极发展商业医疗保险。2023 年，国务院印发的《关于推进普惠金融高质量发展的实施意见》，对普惠保险发展提出了新的要求，强调重点发展农业保险、商业养老保险和健康保险产品，支持农业生产、养老需求和基本民生保障。近年来，保险业在普惠金融领域的探索和发展取得了显著成就。普惠保险作为普惠金融的重要组成部分，致力于为低收入和弱势群体提供公平且负担得起的保险服务。通过政策扶持、技术创新和产品多样化，普惠保险逐步扩大了覆盖范围，提升了金融包容性。各地实践经验表明，政府、保险公司和社会组织之间的紧密合作是普惠保险高质量发展的关键。同时，数字化手段的应用显著提高了金融服务效率和可及性。未来，通过

郭金龙，中国社会科学院金融研究所研究员，中国社会科学院保险与经济发展研究中心主任；章苌今，中国人民银行清算总中心助理研究员。

进一步完善法规政策、强化风险管理与提升居民金融教育，将成为推动普惠保险可持续发展的重要方向。

党的十八大以来，保险业在促进金融公平与助力乡村振兴中发挥越来越重要的作用。2015年，国务院印发的《推进普惠金融发展规划（2016—2020年）》中提出，"乡镇一级基本实现保险服务全覆盖，提高金融服务覆盖率"；2018年，中共中央、国务院印发的《乡村振兴战略规划（2018—2022年）》进一步强调，"鼓励保险等金融资源聚焦服务乡村振兴，加大金融支农力度"。近年来，保险业的发展成效显著，2013—2023年，我国保费收入从1.7万亿元增长至5.1万亿元，保险密度从每人1266元/人增加至3635元/人，保险深度从3.03%提升至4.1%；2017年以来，我国保费收入稳居世界第二。然而，目前我国城乡区域发展和收入分配差距依然较大，保险市场仍存在城乡发展不平衡的问题，这阻碍了保险业发展成效的公平性与普惠性。

中央金融工作会议明确指出，"要做好科技金融、绿色金融、普惠金融、养老金融、数字金融五篇大文章"，并强调要发挥保险业的经济减震器和社会稳定器功能。2023年，国务院印发的《关于推进普惠金融高质量发展的实施意见》，对普惠保险发展提出了新的要求，强调了重点发展农业保险、商业养老保险和健康保险产品，支持农业生产、养老需求和基本民生保障。当前我国普惠保险稳步发展，各类市场主体积极开展普惠保险业务，不断丰富产品服务供给，创新产品类型，逐步拓展普惠保险覆盖面，但也存在着服务深度与广度不足、创新能力参差不齐、供给服务质量不高等诸多问题。日前，金融监管总局发布《国家金融监督管理总局关于推进普惠保险高质量发展的指导意见》，旨在充分发挥保险的经济减震器和社会稳定器功能，更好满足市场企业部门及居民部门普惠性的保险需求，进一步推动我国普惠保险高质量发展。

当前，我国普惠保险普遍的共识仍仅限于普惠金融领域内的保险服务，从理论研究层面来看，普惠保险概念较为模糊，需要进一步梳理和厘清。从行业发展层面来看，由政府部门到市场主体，由政策支持到基础设施建设，普惠保险发展水平都受到一定程度的制约。由此，厘清与探索我国普惠保险服务的有效路径是推进经济高质量发展的重要环节之一。

一、普惠金融与普惠保险的概念界定

（一）普惠金融与普惠保险的关系

世界银行将普惠金融定义为："在一个国家或地区，高质量的金融系统应当为所有劳动者提供价格合理且形式便捷的金融服务。"普惠金融的目标是在机会平等的前提下，为社会各类群体，尤其是中小企业、农民以及城镇低收入人群等特殊群体，提供金融服务。国际保险监督官协会（IAIS）认为，普惠保险是针对保险市场上被排斥或被服务不足人群的所有保险产品服务。从定义中可以看出，普惠金融和普惠保险的关键在于普惠，金融与保险只是提供服务方式的区别。保险具有经济补偿、资金融通和社会管理等功能，是金融体系与社会保障体系重要的组成部分。因此，普惠保险亦是普惠金融的重要组成部分。特别是，保险产品的独特性和多样性能够满足不同收入群体应对风险的多样化需求。对于低收入群体而言，普惠保险的发展能够有效提高其风险应对能力。如小额保险和社区保险等产品的出现，为其提供了相对低成本的风险保障，减轻了因风险事件带来的经济压力；农业保险可以帮助农民应对自然灾害的风险；医疗保险则可以在医疗费用高昂时提供及时的经济支持。

技术创新在保险业普惠金融业务发展中发挥了关键作用。通过大数据、区块链和人工智能等技术手段，保险公司能够更精准地评估风险，提高理赔速度和准确性，降低运营成本。大数据分析可以帮助保险公司更好地理解客户需求，设计出更加个性化的保险产品。区块链技术的应用能够确保数据的透明和不可篡改，提高客户对保险产品的信任度。此外，金融科技公司与传统保险公司的合作也在不断深化。科技公司凭借其技术优势和创新能力，为传统保险公司提供强有力的支持。如保险科技平台可以通过在线渠道快速推广保险产品，提高普及率和覆盖面。与此同时，保险公司也可以利用金融科技公司的数据分析能力，优化产品设计和营销策略，从而更好地服务于低收入群体。

（二）普惠保险的起源与发展

20世纪70年代，普惠金融的概念被提出，其起源与发展可以追溯到对传统金融服务模式的反思与革新，普惠金融并非简单地扩大金融服务对象范围，更重要的是要求金融机构提供更加包容和定制化的金融产品和服务，以满足普通民众和中小微企业的多样化需求。普惠保险作为一种政府主导下的政策性保险产品，涵盖了生命、健康、财产等不同风险（Radermacher 等，2011）[①]，为最大化弱势群体利益，缩小发展差距提供了一条重要途径。

普惠保险作为普惠金融的重要组成部分，其主要特点有可负担、可持续、便利和可靠。Gupta等（2017）[②]认为，普惠保险作为一种特殊的包容性

---

① Radermacher R, Brinkmann J. Insurance for the poor? First thoughts about microinsurance business ethics [J]. Journal of business ethics, 2011, (1): 63–76.

② Gupta J, Pouw N. Towards a Transdisciplinary Conceptualization of Inclusive Development [J]. Current Opinion in Environmental Sustainability, 2017, 24: 96–103.

机制，能够有效降低整个社会风险压力。董东（2017）①对普惠保险服务的市场对象进行了描述性归纳，提出普惠保险作为保险服务需兼顾社会各类群体，特别是低收入群体使更多处于弱势群体、低收入群体获得更多的民生保障。普惠保险作为一种服务全社会的金融业务模式，不仅注重金融服务的包容性和可持续性，还强调金融服务的普及和公平性，为低收入人群和中小微企业提供金融服务，包括储蓄、贷款、支付、汇款、保险等多种金融产品和服务，不断探索提升提高金融服务的可得性和适用性。但当微观度量普惠保险发展水平时，低收入群体和弱势群体的衡量指标较为模糊，无法精准获取弱势群体的普惠保险的需求与供给相关指标，进而无法精准度量普惠保险的服务效能（尹晔等，2020）②。

孙蓉等（2019）③对普惠保险提出了新的认识，一方面，普惠保险并未创设新的险种，而是基于现有的保险产品，将一类具备普惠理念的险种进行归类，因此可以认为普惠保险的概念界定相对简单；另一方面，尽管界定普惠保险的概念并不需要设计新的险种，但其与一般商业保险和社会保险的区别在于其背后的普惠理念。这一理念的探讨涉及伦理学领域，而这一领域本身就充满争议和挑战，但又是不可回避的。特别是，在受到自然灾害后，Carolyn（2019）④认为普惠保险确实能够帮助农户快速恢复，减轻自然灾害对于农户的财产损失，提高家庭经济韧性。王向楠（2020）⑤认为，普惠保险是针对保险市场上被排斥或服务不足群体的所有保险产品服务，

① 董冬. 我国普惠保险发展水平衡量指标设计及测算 [D]. 首都经济贸易大学，2018.

② 尹晔，许闲，王颖俐. 我国区域普惠保险水平测度及影响因素分析 [J]. 保险研究，2020（10）：34-47.

③ 孙蓉，吴剑，崔微微. 普惠保险及其发展水平测度 [J]. 保险研究，2019（01）：58-74.

④ Carolyn, Kousky. The Role of Natural Disaster Insurance in Recovery and Risk Reduction [J]. Annual Review of Resource Economics, 2019, 11: 399-418.

⑤ 王向楠. 普惠保险 [M]. 北京：中国社会科学出版社，2020：2.

普惠保险强调保险的可及性，尤其是为弱势群体提供享受适当程度的保险产品和服务的机会，区别于社会救济和某些保险扶贫，普惠保险的服务对象要比小额保险更为广泛。同样，陈辉（2020）[①]将社商融合型普惠式商业健康险定义为一种由政府主导、商保承办、自愿参保、多渠道筹资的重特大疾病补充医疗保险制度，是在基本医疗保险制度基础上针对重特大疾病的补充型二次保障。于保荣等（2021）[②]汇总了目前国内普惠式健康险的经营模式，并提出社商融合型普惠式商业健康险作为多层次医疗保障体系的重要组成部分，是在基本医疗保险制度基础上针对重特大疾病的补充型二次保障。

有鉴于此，普惠保险作为我国普惠金融的重要组成部分，具有公平性、保障性、政策性和市场性的资源配置机制，以弱势群体利益最大化为目标，帮助引导保险资源合理配置，进一步助力于解决保险资源配置不均衡等问题。随着我国普惠金融的不断发展，普惠保险发展的制度设计也不断完善。2023年10月，国务院发布《关于推进普惠金融高质量发展的实施意见》，明确将农业保险、普惠型人身保险及养老保险列为高质量普惠保险体系的三个基本领域。2024年5月，国家金融监督管理总局发布《关于推进普惠保险高质量发展的指导意见》，明确未来五年基本建成高质量的普惠保险发展体系。重点明确了当前普惠保险发展的重要领域：一是提升农民和城镇低收入群体的保障水平，加大对老年人、妇女、儿童、残疾人、慢性病人群、特殊职业和新市民等群体的保障力度，提高小微企业、个体工商户和新型农业经营主体等的抗风险能力等。二是大力发展农业保险和养老保险，

---

① 陈辉. 社商融合型普惠式健康险的"元年"[J]. 理财，2020（11）：50-51.

② 于保荣，贾宇飞，孔维政，等. 中国普惠式健康险的现状及未来发展建议[J]. 卫生经济研究，2021，38（04）：3-8.

积极参与应对自然灾害、事故灾难、公共卫生、校园安全、道路安全等突发事件，开展风险减量服务，有效提升各类风险的保障能力。三是积极发展医疗责任、医疗意外和疫苗接种等相关保险。四是适应人口政策调整带来的变化，积极发展生育、儿童等保险，满足家庭风险保障需求。

广义来看，普惠保险不仅涉及保险业务或负债端，在保险资金运用方面，保险业通过不断拓展险资运用渠道，通过债券投资计划、股权投资计划和保险私募基金等渠道缓解小微企业融资难、融资贵问题，发挥保险资金特有的长期性和抗风险功能，也具有普惠金融属性。本文仅从保险业务端探讨普惠保险的发展。

二、我国普惠保险的发展状况及经验

作为普惠金融重要组成部分的普惠保险，近年来聚焦小微企业、老年人、农民、新市民、低收入人口、残疾人等普惠客群，提供了多样化的保险产品和服务，成效初显。一方面，普惠保险致力于解决经济社会中发展不平衡不充分的问题，通过触达普惠客群，扩大保险服务的可得性、覆盖率和满意度；另一方面，普惠保险面向特定客群，聚焦市场主体和人民群众迫切需求和急难愁盼问题，积极发挥保险专业机制和优势，通过提供多元化、多层次、多维度的保险产品和服务，为市场主体和广大人民群众办实事、解难题，在服务普惠金融战略和人民群众生产生活等方面发挥重要作用。

（一）农业保险成效卓著

我国农业保险以政策性农业保险为主要发展路径。我国农业保险制度已经实现了对三大粮食作物、天然橡胶、油料作物等16个大宗农产品及60

余个地方优势特色农产品的覆盖，建立了"中央保大宗，地方保特色"的补贴体系，在"政府补贴＋保险公司市场化运营"的模式下持续高质量发展。2023年，我国农业保险保费收入达1430亿元，增速达17.31%，为农业生产提供了4.98万亿元的风险保障。我国已成为全球农险保费规模最大、覆盖农产品最多、业务模式最丰富的农业保险大国之一。

截至2022年，我国农业保险经营主体已由2007年的6家增加至30余家，多数省份有3家以上机构开展竞争；全国农业保险基层服务网点40万个，基层服务人员近50万人，基本覆盖所有县级行政区域和95%以上的乡镇，在金融服务"三农"业务中居于领先地位。国家金融监管总局的数据显示，2023年农业保险赔付1124亿元，同比增长25.4%，惠及农户5772万户，农险赔付率达到80%。在遭受重大自然灾害以后，农民所获得的保险理赔能够有效保障恢复再生产。2023年，土地流转的比例达到36%。在种粮主体中，家庭农场有170多万家，合作社数量为50多万家。对这样的规模经营主体来说，完全成本保险和种植收入保险，已成为规模经营主体遭遇灾害风险的"缓冲垫"，可提升农民种粮的积极性。

1.三大主粮相关保险实施范围不断扩充

近年来，各地财政结合现实状况，不断扩大三大主粮完全成本和种植收入保险实施范围，逐步实现13个粮食主产区产粮大县完全成本和种植收入保险全覆盖，再逐步将实施范围扩大到主销区以及产销平衡区的产粮大县，着力保障农民在生产中的市场风险。2018年8月，财政部、农业农村部、原银保监会印发《关于开展三大粮食作物完全成本保险和收入保险试点工作的通知》，决定从2018年起、3年内，在内蒙古、辽宁、安徽、山东、河南、湖北6个粮食主产省份的24个产粮大县，面向规模经营农户和小农户，开展完全成本保险和收入保险试点。

2021年6月，财政部会同农业农村部、原银保监会联合发布《关于扩大三大粮食作物完全成本保险和种植收入保险实施范围的通知》，提出将该试点扩大到河北、内蒙古、辽宁、吉林、黑龙江、江苏、安徽、江西、山东、河南、湖北、湖南、四川13个粮食主产省份的500个产粮大县，2021年两大险种覆盖实施地区约60%的产粮大县（500个），2022年实现13个粮食主产省份产粮大县全覆盖。

2023年7月，财政部、农业农村部、金融监管总局发布《关于扩大三大粮食作物完全成本保险和种植收入保险实施范围至全国所有产粮大县的通知》，将试点扩大到全国所有产粮大县，即1105个产粮大县，相比2022年增加了33.78%。

2024年5月，财政部、农业农村部、金融监管总局联合发布《关于在全国全面实施三大粮食作物完全成本保险和种植收入保险政策的通知》（以下简称《通知》），明确提出自2024年1月1日起，在全国全面实施稻谷、小麦、玉米三大粮食作物完全成本保险和种植收入保险政策。三大主粮保险作为我国农业保险产品发展的主要方向，实现了从"保物化成本"到"保总成本、保收入"的转变，促进了种粮农户收益稳定。财政支持是开展实施三大主粮农险的重要保障，2024年中央财政安排了562亿元预算，其中超过200亿元用于支持三大主粮保险发展。

2.地方特色农产品保险险种不断丰富

相比于大宗作物，我国的特色农产品保险仍然处于初级阶段。由于特色农产品种类繁多且分布零散，许多保险项目还在起步和试点阶段，导致品类多、规模小、风险集中，赔付率高。目前，试点的特色农业保险大多为价格类保险，系统性价格风险也提高了赔付率。以河北省为例，2022年特色农业保险的品类达450个，同比增加48%；提供的风险保障金额为178亿元，同比增加17%；但特色农险的风险保障占比不到12%。河北省的整体赔付率达到97%，其中大豆保险赔付率为172%，水果保险赔付率为100%。

2024年，中央一号文件再次提出要"鼓励地方发展特色农产品保险"。特色农产品保险的发展离不开各级政府和保险业的支持与创新。特色农产品保险为生产者提供风险保障，减少自然灾害和市场波动对农民收入的影响，保障农民生计，促进农业多元化和产业稳定发展。诸如，平谷大桃、大兴西瓜、房山磨盘柿；烟台苹果、章丘大葱、威海无花果；巴盟香瓜、喀喇沁番茄等，体现了我国各地发展特色农产品的成果。特色农产品的优势在于资源集聚，形成规模效应和品牌效应，但也意味着风险集中，如自然灾害和市场波动等。

为应对特色农产品的风险保障不足和市场需求，部分地方已尝试通过商业保险或地方财政补贴实施特色农产品保险。例如，陕西烟叶保险和奶牛保险，上海市财政支持的蔬菜价格保险，北京市财政支持的西瓜、苹果、桃、梨、葡萄、柿子、樱桃、枣、杏等水果种植保险等。2014年，北京市农委通过统颁条款扶持特色农产品保险，助力北京市特色农业快速发展。广西壮族自治区自2015年起实施政府补贴的蚝、对虾、芒果、香蕉、烟叶、甘蔗等19个特色农产品保险，探索出欠发达地区发展特色农产品保险的新路径。

随着政策性农业保险扩面提质增效，特色农产品保险从商业性或小范围地方政策性保险试点过渡到中央财政支持的新阶段。2019年6月20日，财政部印发《关于开展中央财政对地方优势特色农产品保险奖补试点的通知》，在内蒙古、山东、湖北、湖南、广西、海南、贵州、陕西、甘肃、新疆10个省份，对省级财政引导小农户和新型农业经营主体开展符合条件的地方优势特色农产品保险进行支持。在省级及以下财政至少补贴35%的基础上，中央财政对中西部地区补贴30%，对东部地区补贴25%。原则上，国家扶贫重点县和特困地区县，县级财政保费补贴比例不超过5%。

2024年，福建省财政厅下达了482.78万元资金，对2023年省内地方优势特色农产品保险进行奖补，涵盖福州蛋鸭养殖保险、莆田柚果树及果实保险、泉州生猪期货价格保险、宁德太子参种植保险、龙岩白鸭养殖保险、养鸡保险以及部分地区的水稻种植补充保险等，带动了总保费规模达2661.22万元。资金依据各地优势特色农产品保险保费规模按比例下达至各设区市。其中，对于市县给予保费补贴的特色农产品保险，省级财政奖补比例不超过总保费的20%；对尚未给予保费补贴的，省级财政奖补比例为总保费的10%。奖补资金将统筹用于开展优势特色农产品保险工作。目前，福建省的地方特色保险产品已覆盖种植、畜禽、食用菌等领域。通过实施以奖代补政策，支持各地基于区域资源禀赋和产业比较优势，创新地方优势特色农产品险种，满足农户多样化的保险需求，提高农产品的风险保障能力。

3.保险科技在农业保险领域的应用不断扩展

随着农业和农村对风险保障及金融服务需求的日益增长，农业保险的科技含量也在不断提升。在灾害预警、监测、救助和补偿等方面，"保险+科技"发挥着重要作用，为农业生产赋能。随着人工智能、云计算、物联网等新技术的快速迭代，传统农业保险逐渐演变为以科技赋能为显著特征的新型农业保险，突破了线下展业的局限性，大幅提升了理赔的精确度。

近十年来，我国每年因灾受损的农业面积达3亿亩，粮食损失约580亿斤。2023年，各类自然灾害导致1.58亿亩农作物受灾。为此，中央各部门致力于提升普惠类保险的服务效率，推行应赔尽赔、早赔快赔、合理预赔的服务原则，并要求保险公司及时调配救灾资源，探索引入第三方机构参与查勘定损。

2023年，华北等地遭遇极端强降雨灾害，共赔付金额达126亿元，保险公司在两天内向3666户农户预赔了1363万元[①]。同年夏天，受台风"杜苏

---

① 于泳. 农业保险承保理赔作用日显［N］. 经济日报，2024-06-13（007）.

芮"和"卡努"影响，黑龙江省多地频繁遭遇强降雨天气，洪涝灾害频发，局部地区农田渍涝、农作物倒伏。大家财险充分运用科技手段，通过卫星遥感覆盖黑龙江省承保区域，派出无人机404次，配合地面查勘人员，形成卫星遥感、无人机、地面作业三位一体的查勘模式，当月即完成99.91%的报案赔付，并在年底前率先完成2023年全部农险理赔，向当地农户赔付1.1亿元，有效保障了农户的财产损失。

（二）普惠健康保险发展迅速

党的二十大明确提出，健全覆盖全民、统筹城乡、公平统一、安全规范、可持续的多层次社会保障体系，促进多层次医疗保障有序衔接，积极发展商业医疗保险。我国已经建成了完善的医疗保障与救助体系，基本医保、大病保险、医疗救助三重保障制度基本实现全覆盖，当前贫困人口住院和门诊慢特病医疗费用实际报销比例稳定在80%左右。商业普惠健康保险的发展，有助于进一步减轻群众的医疗费用负担。除大病保险外，近年来，在健康保险领域，保险业针对老年群体、既往症群体、妇女儿童等特殊群体进行产品创新，不断扩大产品覆盖范围，普惠健康保险发展迅速。

1."惠民保"提供了更多样化的保障选择

"惠民保"是一种由政府、保险公司和第三方平台共同推动的新型城市定制型商业医疗保险，集普惠和商业属性于一体。其主要功能是有效衔接当地基本医疗保险，重点保障居民的重特大疾病，弥补医保目录内赔付不足的部分，从而构建多层次医疗保障体系，减轻民众的医疗负担。惠民保的投保条件宽松，无年龄和职业限制，无须告知健康状况，只要是当地基本医保参保人即可投保，且保费较低，多数产品不超过100元。对于消费者而言，惠民保填补了基本医疗保险和商业健康保险之间的空白，提供了更多样化的保障选择，缓解了基本医疗保险保障额度低、范围有限的问题。

惠民保模式的顺利运转依赖于大量健康体和年轻人投保，为带病体和老年人提供资金支持。其公平性离不开政府的深度支持和广泛推广。根据政府参与程度的不同，惠民保可分为纯商业、政府支持、政府指导和政府主导四种模式。在政府支持模式下，政府仅做简单背书，无实质性支持和规范，商业属性较强；在政府指导模式下，政府会提供实质性推广支持，并通过口头或书面规范体现公共属性；政府主导模式则类似于"大病医保"模式，政府深度介入并主导。自2020年以来，在政府的指导下，我国各地保险公司陆续推出了"惠民保"产品，成功填补了社会医疗保险和商业医疗保险之间的空白，满足了老年群体和健康状况不佳群体的健康保险需求。2021年6月2日，原中国银保监会发布通知，将惠民保类产品正式定义为城市定制型商业医疗保险。

城市定制型商业医疗保险业务模式由政府、商业保险机构及第三方服务平台等"大健康"主体共同参与。据《中国健康保险发展报告（2020）》显示，社商合作普惠型商业医疗保险的总保费收入已超过1亿元。截至2023年，全国共有105个惠民保项目、243款产品，181个地级市的产品支持医保个账支付惠民保的保费，参保人数超过了1.3亿人次，参保保费约有155亿元。

随着覆盖地区和参保人数的增加，其服务水平不断提升，如浙江省等地实现了"惠民保"与基本医保、大病保险、医疗救助等"一站式"结算。截至2022年底，大病保险已覆盖13.5亿人，2022年，基本医疗保险、大病保险和医疗救助三重制度惠及农村低收入人口就医14481.7万人次，减轻医疗费用负担1487亿元。目前，全国有21家保险公司承办城乡居民大病保险业务，10年来已赔付超7000万人[①]。

---

① 新华社：《10年来城乡居民大病保险赔付超7000万》，2024年1月3日。

中国人寿寿险公司持续深化开展城市定制型商业医疗保险（"惠民保"），承保珠海大爱无疆、广州穗岁康、杭州西湖益联保、成都惠蓉保、龙江惠民保等多个惠民保项目，致力于创新多层次医疗保障体系。截至2023年底，累计在32家省级分公司落地120多个城市定制型商业医疗险项目，覆盖超4000万人，累计为超8300万参保人提供风险保障超38万亿元，累计覆盖全国28个省份及直辖市。

尽管普惠保的发展日益丰富，但也面临一些问题，尤其是在赔付率对有病和健康人群的不同影响上。例如，在唐山第一期惠民保中，既往症人员的理赔费用占比为14.4%；但在第二期中，这一比例激增至69.38%。对比两期惠民保，既往症人员的赔付占比增长了超过50%，在第二期中几乎占到了理赔费用的70%。这种情况下，健康人群的获得感显著降低，加上普惠保的较低保费，健康用户不续保的概率增加。以淄博为例，近四年来的惠民保参保人数分别为121万人、158万人、143万人和122万人，赔付率逐年下降，从173%降至101%，再降至34.3%。赔付率的降低导致参保人数逐年减少。为了保持现有客户的参保意愿，保险公司不断降低免赔额。以上海沪惠保为例，随着参保人数的下降，免赔额从最初的2万元逐步降至1.8万元、1.6万元，最后降到1.2万元（连续投保用户为1万元），以此提高参保人群的获得感。

2.新市民及随迁老人保险发挥了积极作用

新市民群体是推动我国加快构建新发展格局和实现高质量发展的重要力量之一。据《2022新市民金融服务白皮书》显示，目前我国新市民人口约有3亿人，主要由外来务工人员、小微企业主和随迁老人构成，占全国总人口的比例超过20%。由于大部分新市民从事拼搏性工作，社会保障参与度低，且规划意识和行动力不足，为此，城市定制型商业医疗保险在满足人民群众多元化健康保障需求和减轻基本医保外合理医疗费用负担方面发挥了积极作用，有效提高了新市民的医疗保障水平。

中国人寿财险公司推出了包括"中国人寿家财险租房版""居家乐——出租无忧""家庭综合保障（新市民专属）"在内的多项保险产品，并不断优化针对新市民的子女教育金融服务，以解决家庭抚养的后顾之忧。2023年，中国人寿财险公司通过农民工工资履约保证保险为322万农民工提供了1609亿元的工资保障。同年，成都市城市定制型商业医疗保险项目"惠蓉保"参保人数突破460万人，参保率接近25%。在"惠蓉保"示范效应的带动下，四川省已有16个地市开展了类似业务，参保人数达到2210万人，保费收入超过14亿元。"玉惠保"是由玉林市政府部门指导推出的普惠医疗保险，紧密衔接基本医保，主要面向玉林市基本医疗保险参保人和新市民，其对参保年龄无设限，对医保范围内外住院医疗费用与特定高额药品费用提供了具有竞争力的保额和保障范围。

近年来，厦门市新市民人口约为286万人，占常住人口的52%，新市民金融保险服务市场潜力巨大。2023年，厦门推出"益鹭保"，已累计为12826名灵活就业人员提供161.37万天次的身故、残疾、医疗费和住院津贴保险保障，有效解决职业伤害保险保障不足的问题。此外，在国家金融监督管理总局厦门监管局的指导下，中国人民财产保险股份有限公司厦门市分公司就新制造、新零售、新服务等新就业形态劳动者所处行业特点设计了有针对性的保障内容，涵盖一般意外与工作伤害、热射病救治、食物中毒、传染病风险等多方面保险保障。采用政府采购保险服务的"政保联动"模式，为新就业形态群体提供每人超百万元的风险保障，已累计为15748人次提供保险保障。

新市民群体中，还包含着跟着儿女随迁过来的老人。满足老年需求、提升老年生活幸福感也成为完善保险保障体系中的重要一环。2023年，渤海人寿针对新市民推出了"和护e家"家庭综合意外保险产品计划与"和睦

e家"百万无忧团体医疗保险产品。这款产品除了提供医疗保障，还对8个身体部位高发的恶性肿瘤—重度提供全流程医学管理服务。这对于京津冀地区广大奔波劳碌在外的新市民群体来说，该保险服务解决了自身及随迁老人看病难的问题，切实满足了新市民医疗服务需求。

3. 长期护理保险

围绕养老金融大文章主题，长期护理保险是对老年人现实需求痛点的深度切入，是在人口老龄化加剧背景下由政府主导的、以基本医疗保险参保群体为主要受众基础的一项社会保险制度，以满足失能老年人对护理服务的需求。关于长期护理、风险保障与养老服务的协同与衔接，政策性长护险及商业长护险，是重要的布局成果。截至2024年一季度，我国长期护理保险制度试点已覆盖49个城市，参保人数达1.8亿人，通过失能等级评估、享受待遇人数累计超235万人。累计基金支出超720亿元，提供服务的定点护理机构约8000家，护理人员接近30万人。

目前，我国60岁以上失能老人已超过4200万人，预测到2050年，失能人口将达到9887.24万人，其中重度失能人群将超过1750万人，长护险需求缺口巨大，不仅是长护险服务产品的供给，护理人员的就业配比也需要进一步精细化调整。现阶段，各地方长护险制度执行有所差异，如北京市石景山区的长护险基金按年筹集，筹资标准为180元/人/年，由医保基金和个人按照5∶5的比例分担；待遇保障每月3000元标准，提供机构护理、机构上门护理及居家护理三种护理方式、32个护理项目。浙江省丽水市长护险待遇不设起付标准，根据不同护理服务方式，实行差异化待遇保障政策，机构护理纳入长护险范围的费用由长护险基金支付70%；接受定点护理服务机构规范居家护理服务的，则为80%。

4. 妇女儿童健康险

在妇女儿童普惠保险方面，各地政府部门与保险公司关注妇女儿童特定群体，协同推动多种普惠保险产品，为适龄女性提供特定疾病保障，不断提升妇女儿童健康风险防范意识和保险保障水平，同时面向符合国家计划生育政策的家庭、怀孕妇女、正常分娩的婴幼儿等群体提供保险保障。全国妇联与中国人寿寿险公司发起女性安康保险，是妇女"两癌"免费检查、救助工作的配套工程，是让更多女性"病有所医、医有所保"的一项女性专属保险。2022年，女性安康保险为33.01万人次特定女性提供人身风险保障1204.99亿元；计生险为257.69万名符合国家计划生育政策的家庭成员提供人身风险保障1443.97亿元。同年，推出的学平险覆盖学生儿童248万人次，提供人身风险保障9635.54亿元。

2023年，中国人寿寿险公司为约1000万人次特定女性群体提供约1.4万亿元的保障金额，为约3000万人次计生家庭成员提供约1.8万亿元的保障金额。中国人寿财险公司"顶梁柱""加油宝贝""加油木兰"等多项公益保险项目服务覆盖117个欠发达地区。

2024年，济南市妇联与中国人寿济南市分公司签订了2024年济南市低收入适龄妇女"两癌"保险采购合同，我市3.24万名18~70周岁低收入妇女将免费享受总保额9.72亿元的"两癌"保险；中国人寿济南市分公司向东西部协作地区临夏和武隆两地1.5万名低收入妇女捐赠保费37.5万元、保额1.5亿元的"两癌"保险。

2024年，由阿里巴巴公益、阿里健康公益携手中国出生缺陷干预救助基金会共同发起小鹿妈妈公益保险，总保障金额超过12.8亿元人民币，由中国人寿财产保险股份有限公司浙江省分公司杭州市中心支公司负责承保。将支持河北巨鹿县、四川康定市、贵州雷山县三个县域妇女的免费孕期体检，覆盖8.6万名育龄妇女，涵盖高危育龄妇女进行无创DNA检查和羊水穿刺检查、有家族遗传病史的育龄妇女基因检测等费用的报销。在此类保险机制作用下，为经济困难孕产妇和高风险孕产妇提供孕期产检费用补偿，减轻孕妇产检费用压力，有利于提升欠发达地区孕产妇的孕期健康意识，降低生命安全隐患。

（三）巨灾保险有效提高了灾害治理能力

2015年，中国城乡居民住宅地震巨灾保险共同体成立，承担提供地震保险服务，参与灾害损失分担的重要职能。财险公司根据自愿参与、风险共担的原则申请加入。在此基础上，2016年，保险行业开发了首款面向居民个人的巨灾保险产品——中国城乡居民住宅地震巨灾保险，上海保险交易所的巨灾运营平台为地震巨灾保险产品提供场内交易和平台运营支持。截至2022年6月末，地震巨灾保险共同体累计为全国1876万户次居民提供7087亿元的地震巨灾风险保障，累计赔款约9636万元。

气候变化使灾害治理的难度不断加大，而经济的发展使自然灾害导致的经济损失也不断加大。应急管理部统计数据显示[1]，2024年一季度，我国自然灾害形势复杂严峻，灾害时空分布差异大，各种自然灾害共造成1037.9万人次不同程度受灾，因灾死亡79人，紧急转移安置11.1万人次；需紧急生活救助46.8万人次；倒塌和损坏房屋6.6万间；农作物受灾面积944.3千公顷；直接经济损失237.6亿元。从历年的统计数据看，虽然受灾人次在呈波动下降的趋势，但直接经济损失却呈现波动上升的趋势。2024年，一季度全国自然灾害主要特点是，低温雨雪冰冻灾害持续时间长、影响范围广、灾害损失重；新疆乌什发生7.1级地震，云南镇雄山体滑坡造成重大人员伤亡；洪涝灾害和黄河凌情平稳，风雹灾害零星发生；西南地区旱情阶段性发展，西北地区发生沙尘暴；南方地区森林火灾集中多发等。

为保障巨灾带来的多方面安全，多地积极试点探索保险保障更为多元

---

[1]　应急管理部网站：《2024年一季度全国自然灾害情况》，2024年4月。

的"政府出资+保险运营"巨灾保险模式。地方政府和保险公司共同参与的地方性巨灾保险试点覆盖面更广，通过与政府的合作也可以更好地将保险机制嵌入到防灾减灾与应急管理体系中，提高灾害治理能力。从目前的试点情况看，地方性的巨灾保险试点的保费主要来自地方政府的资金，保障责任一般为住宅损坏、人身伤亡、家庭财产损失、农作物损失等涉及民生的损失，承保的风险主要包括地震、台风、暴雨、洪水等自然灾害。2022年6月，河南省推出由市、县两级财政承担，具体比例由试点省辖市自行确定，省财政按照30%的比例予以补贴的巨灾保险试点项目，有效保障了因暴雨、洪涝，以及由此引发的突发性滑坡、泥石流等地质灾害，水库溃坝、内涝（含客水）等次生灾害，造成人身死亡（失踪）或住房倒损。

（四）中小微企业财产保险助力民营企业健康发展

民营经济作为中国特色社会主义市场经济的重要组成部分，为我国贡献了50%以上的税收，60%以上的国内生产总值，70%以上的技术创新成果，80%以上的城镇劳动就业，90%以上的企业数量，对于扎实推进共同富裕有着举足轻重的作用（习近平，2018）[①]。但在现实生活中，民营企业时常面临着融资难、融资贵等金融排斥问题，难以获得平等有效的金融服务。因此，金融业如何支持民营经济发展，恢复民营企业的信心，是亟须解决的问题。作为金融业的重要一环，普惠保险可以在缓解金融排斥和保险排斥的基础上，通过资金融通、风险管理以及独有的经济补偿等功能支持民营企业，助力民营企业健康发展。

1.安全生产责任险发挥了风险控制和经济补偿的双重作用

安全生产责任保险通过整合安全监管部门、行业主管部门、地方政府、

---

① 习近平. 在民营企业座谈会上的讲话［M］. 北京：人民出版社，2018：4-5.

生产企业和保险公司等多方力量，共同参与风险隐患的排查，落实安全生产责任，发挥了风险控制和经济补偿的双重作用，从而降低工人发生人身伤亡和企业财产损失的风险。安全生产领域的责任风险通常采用损失控制、风险自留和风险转移三种方式进行管理，其中，风险转移最常见的方法是购买保险。企业通过与保险公司订立保险合同、缴纳保费，将约定的责任风险依法转移给保险公司，以此推动安全生产责任风险的共担共治。民营企业投保后，保险公司将承担由于事故产生的救援费用、疏散费用、法律费用、医疗费用和人员伤亡的赔偿费用。同时，保险公司作为第三方力量，将协助企业开展事故预防工作，通过事故隐患排查和风险评估，切实降低企业发生事故的概率，提高企业的安全生产管理水平。

围绕新市民创业场景，2024年，美团与平安产险共同推出"美团生意保"商家综合险，致力于服务小微企业的商家综合保障保险，同时提供店铺财产保障、员工意外保障和第三者责任险等多项保障。山东昌乐县应急管理局根据当地企业规模小、数量多和企业工人多为农民工且安全意识差的特点，通过补贴帮助企业购买安全生产责任保险，由保险公司出资聘请第三方民办非企业开展工人安全意识培训。

2.信用保证保险提升了企业信用和分担风险

信用保证保险的主要功能是提升企业信用和分担风险。一方面，在信贷需求端提升了小微企业的信用等级，另一方面，在信贷供给端帮助银行分担信用风险。通过"银保合作"模式，信保能够有效解决由于信息不对称导致的银行"不敢贷、不愿贷"问题。大型保险公司在其发展过程中服务了大量小微客户，积累了丰富的数据和精算经验，形成了在客户洞察、风险识别、风控策略、定价体系及金融科技等方面的独特优势，成为银行风控体系的重要补充。尤其对于客户较少、数据不足、风控能力较弱的中小银行，保险公司的风控和科技支持对其能力建设和数据积累有着重要作用。

2022年3月《中国银保监会　中国人民银行关于加强新市民金融服务工作的通知》中强调发挥保证保险等险种为吸纳新市民就业的小微企业提供融资增信的支持作用。2022年4月《中国银保监会办公厅关于2022年进一步强化金融支持小微企业发展工作的通知》再次肯定了信保业务提升小微贷款可获得性的价值，鼓励开展小微企业融资性信保业务，同时重点强调对个体工商户和个体经营者的金融覆盖。同年5月，人民银行印发的《关于推动建立金融服务小微企业敢贷愿贷能贷会贷长效机制的通知》中提到应深化"银行+保险"合作，优化贷款保证保险合作业务流程，助力小微企业融资。

3. 出口信用保险帮助小微企业开拓海外市场、防范收汇风险

出口信用保险是由信用机构为企业提供的安全保障机制，针对的是企业出口货物、服务、技术和资本的应收账款。出口信用保险以出口贸易中国外买方的信用风险为保险标的，保险公司承保国内出口商因进口商的商业风险或进口国的政治风险而遭受的损失。出口信用保险的功能主要有：一是坏账保障，可防止因延迟付款、不付款和破产而导致现金流断裂；二是促进销售增长，以有利条款扩展风险更大的市场或开拓新市场，还可促进现有客户业务增长，向新客户提供赊销；三是有助于提升融资企业在银行的资金可得性；四是增强运营成本，通过防止逾期付款或不付款，改善现金流并确保可预测收入流，允许企业释放资金作为坏账的缓冲，将资源重新分配用于增长和运营需求。

出口信用保险不仅能确保企业不会因客户破产或拖欠而蒙受财务损失，还能帮助企业做出风险管理决策。为促进中小微企业的发展，推动普惠金融，中国信保湖北分公司为出口企业提供出口信用保险普惠政策服务，帮助小微出口企业开拓海外市场、防范收汇风险和拓宽融资渠道。

2024年，广东省商务厅出台出口信用保险"普惠平台"政策，主要针对在广东省（不含深圳）登记注册且2023年出口金额在1000万美元以下（含）的外贸企业，通过出口信用保险为企业出口货物后因进口国政治风险或买方/开证行商业风险导致的货款损失提供保障。符合政策支持要求的企业可通过中国国际贸易"单一窗口"线上办理中国信保广东分公司普惠平台保单。

（五）其他普惠保险产品案例

2024年，中国人保为租房或购房新市民群体、拥有电动车的租购房屋新市民群体、为新市民提供租房的房东等群体提供租房用电安全、家庭财产损失、搬家财产损失、租房押金损失以及因房屋火灾、燃气泄漏等原因造成租住新市民的人身伤亡的赔偿等风险保障，并补充提供新市民群体交通出行安全保障责任。

2023年，福建南安市针对本市户籍人口及在福建省治安管理信息系统有效流动人口登记信息且在南安辖区实际居住的外来人口，推出因火灾、爆炸、雷击、台风、暴雨等自然灾害造成的平安家庭惠民保险，涉及房屋及室内附属设备、室内装潢、室内财产及存放于院内室内的农机具、农用工具、生产资料、粮食及农副产品。

2024年5月，四川广元市发布了普惠型家庭财产保险"元家保"，保险责任涵盖巨灾风险中的暴风、暴雨、雷击等12种自然灾害及破坏性地震导致家庭房屋主体损失；居家高发风险中的火灾、燃气爆炸、高空坠物、管道破裂等第三者责任；家庭意外风险中因房屋火灾、燃气爆炸等导致的人员残疾、身故等。

2024年6月，中国人民财产保险股份有限公司南京市分公司、中国平安财产保险股份有限公司南京中心支公司、中国太平洋财产保险股份有限公司南京分公司等六家保险公司共同承保并发布的普惠型家庭财产综合保险"南京宁家保"，保险责任涵盖了被保人及配偶名下在江苏省内房产（最高可保3套）因火灾爆炸、台风暴雨、资金账户损失、电瓶车自燃等天灾、人祸造成的家庭财产损失。

三、促进普惠保险高质量发展的建议

虽然在总量上我国已经是第二大保险大国，但不论是从保险密度还是保险深度来看，我国与发达国家均有较大差距。就普惠保险来看，除农业保险、巨灾保险等政府主导的险种外，人身险和财产险领域的普惠保险均处于探索发展阶段。普惠保险的发展面临供需双方动机不足的制约，从供给端看，普惠保险产品具有风险较高、单均保费低、业务规模小、获客成本高等特点，导致保险公司缺乏业务发展动力；从需求端看，普惠保险服务的目标对象是中小微企业和中低收入群体，这部分群体的风险意识较低、保费支付意愿和能力较低，或本因遭受风险事件而丧失了支付保费的能力。因此，应从供给和需求两方面，共同促进普惠保险的高质量发展。

第一，加强保险知识的宣传教育，提高低收入群体和弱势群体的保险意识和风险管理能力。在农村等欠发达地区开展各种形式的宣传活动，通过专业人员下乡宣传、与社区、村政府合作定期开展科普宣传工作等普及保险知识与意识，使低收入群体和弱势群体了解保险的重要性和具体操作流程，增强公众参与保险的积极性。同时，借助互联网技术不断提高保险服务的可及性和便利性，优化保险服务。

第二，加强对普惠保险的监管和服务体系建设，完善普惠保险的风险管理机制。一是进一步完善普惠保险高质量发展相配套的制度体系，《关于推进普惠保险高质量发展的指导意见》要求将普惠保险业务纳入经营绩效考核，大型保险公司普惠保险考核权重原则上不低于5%。因此，应尽快明确普惠保险的业务范围。二是提升保险公司风险评估和管理能力，一方面要确保保险产品费率的公平性、合理性，提供高质量和高效率的保险服务；另一方面要提升保险公司的风险防控能力，有效防止道德风险，提高普惠保险的可持续性。三是通过建立健全普惠保险消费者保护机制，规范保险公司的经营行为，杜绝虚假宣传、欺诈等不良现象，保护小微企业、老年人、农民、新市民、低收入人口、残疾人等普惠客群的合法权益。

第三，推动建立普惠保险专业化体制机制，建立健全普惠保险的信息共享平台，促进低收入和弱势群体与保险公司之间的信息交流。一是整合政府、保险公司和社会组织的数据，利用大数据、人工智能和区块链等新技术，建立实时更新的信息共享平台，确保数据的准确性和安全性，并制定统一的数据标准和接口规范，以提高数据共享效率。二是通过信息透明化和教育培训，帮助低收入和弱势群体了解保险产品，并建立客户反馈机制及时改进服务。三是建立动态监测系统，实时跟踪政策实施情况和市场反馈，确保政策落地生效。

第四，加速保险公司数字化转型，提升普惠保险服务能力。一方面，建立保险行业数字化标准，由监管机构牵头，联合行业协会和科技企业，制定保险行业数字化标准，包括数据格式、接口协议、安全规范等；推广标准化数字技术在保险公司中的应用，确保不同公司和平台之间的数据和系统能够互联互通。另一方面，对于采用大数据、人工智能、区块链等新技术的保险公司，提供科技补贴和税收优惠，降低企业创新成本；设立普惠保险产品创新试点项目，允许保险公司针对农村、低收入人群的小额保险在特定区域或业务中试验新技术应用，并提供监管支持。

第五，推进普惠保险与其他社会保障政策相结合，探索加大财政补贴和税收优惠政策，改善投保理赔服务，为重点领域提供全面保险保障。一方面，应对低收入和弱势群体提供财政补贴，降低其保费负担，并对参与普惠保险业务的保险公司提供税收优惠，建立风险分担机制，保障其可持续发展；另一方面，通过多层次、多渠道的保障措施，将农村普惠保险与农村养老保险、新农合等政策有机结合，形成互补，激励保险公司积极拓展普惠金融重点领域市场，设计适合"三农"、小微企业、特定群体需求的保险产品，提高农村居民的整体生活水平，增强整体保障效能，推动农村经济社会的全面发展。

第三部分

技术与保障：护航新质生产力发展

科技融合赋能下的普惠金融2.0时代

陆碧波　肖　然

　　普惠金融的2.0时代将是高质量的普惠金融时代，不仅仅是覆盖率、可得性的提升，更是对普惠金融难点问题的攻坚、服务成本进一步降低、普惠金融产品精准创新、普惠金融服务风险稳定可控的高质量发展时代。从不同类型金融机构的实践，可以看到科技创新和融合发展新质生产力为普惠金融2.0时代带来强大的动能，也为普惠金融2.0时代的重点方向提供了更多想象空间。

　　普惠金融发展在"不可能三角"之上还面临诸多问题和挑战。这是一个数字化时代维修"断头路"的工作，也实实在在地惠及了百姓，不因人少而将就。存取款、支付汇款、贷款理财……这些金融服务正在进一步优化，服务更广泛的群体，更精准地为人民群众在需要的时候提供适当的服务。2023年开始，普惠金融正从"增量扩面实现广覆盖"的1.0时代走向"数智推动高质量发展"的2.0时代。

陆碧波，蚂蚁集团标准化总监；肖然，思特沃克管理咨询总经理。

一、科技不仅创造了普惠金融新模式，也让几十年的沉疴旧疾得到救治

刚调动工作的骆龚飞已经好几个月没收到工资了，收不到工资的原因主要是单位的工资系统和银行的代发工资系统无法识别他的名字。是的，有这样一群人，因为姓名中的汉字在数字世界无法识别，即使这个字一眼可认，仍然无法用自己实际姓名的手机号、银行卡、实名账户，也因此无法收到工资、收到汇款、网购支付、线上缴费……他们中的绝大部分人在数字化的过程中反而"离线"了。

支付宝在用户声音中也收到了这样的反馈，在访谈大量生僻字用户后支付宝的小二们发现，由于信息化和数字化的不同年代积累了大量"临时解决方案"，这些临时解决方案积累几十年就成了"沉疴旧疾"。以前由于这些汉字打不出来，大量通过替代字、拼音甚至星号等各种替代方案临时办理了证件，临时解决了现场的问题。但这些临时方案也带了新的问题，有时一个字甚至有好几个编码，但是随着"数字互联"时代的到来，这些汉字在数字世界无法识别，这对身份信息和数据准确性要求极高的金融业是巨大的挑战，对数千万在数字世界跨机构证明"我是我"的金融消费者更是新难题。

浙江的叶女士，经过多年的走访和修改，因为关联着工资或者社保、公积金等日常生活，仍然不得不使用数张名字各异的银行账户，支付宝和微信支付也无法完全正常使用。叶铧（wěi）也是初次，她的微信实名最初用的是拼音，现在得转成汉字，可由于她买了理财产品，需要先把钱取出来才能做账户更名，而提现又需要和身份证相符的汉字实名，"进入死循环了"。

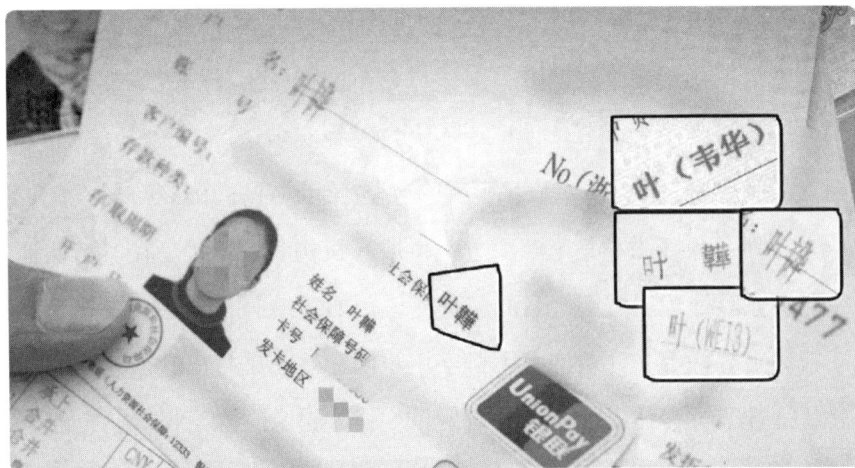

图1

据不完全统计，全国有超过6000万人名以及大量地名、古籍、方言中包含生僻字，其中多数因尚未数字化，无法在信息系统中正常使用。虽然汉字的数字化涉及的问题牵涉公安、教育、医疗、社保等多个领域，但本着"一个也不能少"，让每一位金融消费者都能享受到金融服务的普惠思想，金融业最早开始系统性解决这个问题。

所谓系统性解决，是从银行、保险、证券、支付……金融流通的每一个环节去关注、改造和解决这个问题。这是一个浩大的工程，这些机构的线下柜台、自助机具、线上的APP、小程序每一个渠道都有涉及。

人民银行和金标委依据GB 18030—2022《信息技术中文编码字符集》牵头制定了JR/T0253—2022《金融服务生僻字处理指南》为金融机构改造提供指导，金融科技产业联盟联合多家银行建设了T/BFIA017—2022《银行营业网点生僻字客户服务指南》为银行业线下生僻字服务提供参考。

在中国人民银行科技司统筹推动下，以中信银行捐赠的生僻字解决方案为依托，由北京金融科技产业联盟联合部分金融机构和产业单位共同发起了金融业生僻字开源项目工作。开源的方案给4000余家金融机构提供金

157

融服务，也为广泛的群体提供了更普惠的路径。

从中信银行开始，目前数百家银行在不同程度上开展了适配生僻字用户的改造。作为流通环节牵涉广泛的支付宝在实名认证、互联互通等方面遇到第二层挑战。他们建立了20多人的攻坚小组，并在2023年5月发起"汉字拾光计划"并开源了整个解决方案供所有机构免费使用。在实名认证环节，能够兼容处理生僻字姓名的多种变体，如PUA码、正式码、拼音、拆字、繁体字替代等。针对许多生僻字用户因无法正确打出姓名的问题，在实名认证环节被卡住，他们为此研发了生僻字键盘，除了拼音，也能把字拆成几部分输入，如"龑"，打出"龙天"也能找到。解决系统互通互认问题的技术要点则在于，收录生僻字各种形态的映射表，做转码映射，帮助业务系统认定两个不同替代形式的字是同一个字。虽然只是一个小步骤，但背后还涉及上下游系统的协同。

除了银行、支付宝自营的业务之外，还有成千上万的小程序，比如说，查基金、保险理赔、查社保等。在这个万物互联的时代，只要是生僻字会出现在这条链路，就可能都会遇到卡点，就需要我们协调基金公司、保险公司、国家有关的政务机构等逐一去打通。

这个数字化时代维修"断头路"的工作，却实实在在地惠及了百姓，不因人少而将就。

存取款、支付汇款、贷款理财……这些金融服务正在进一步进化，服务更广泛的群体，更精准地为他们在需要的时候提供适当的服务。

二、科技赋能下的普惠金融2.0生态

2013年，党的十八届三中全会将"发展普惠金融"确立为国家战略，经过十多年发展，我国普惠金融行业已经形成以银行、支付机构、非银行

金融机构、互联网巨头、金融科技企业为服务主体，以供应链金融、消费金融、智能投顾、保险科技、支付科技、数字银行为服务途径，以乡村振兴、绿色普惠金融、小微企业融资和民生服务为对象，以资本市场、信用体系、支付体系为基础设施的普惠金融2.0生态。

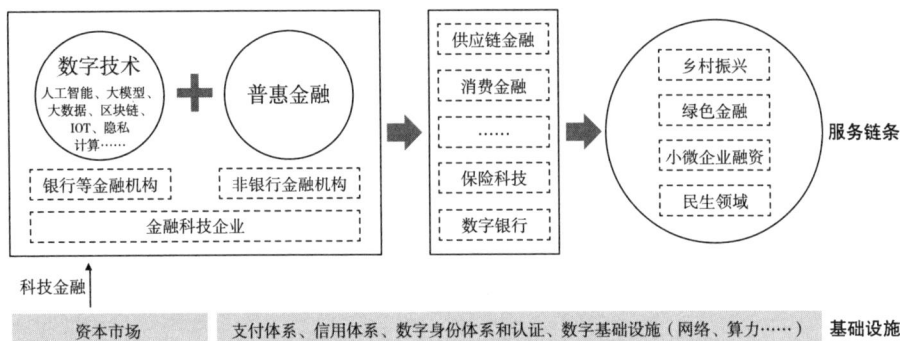

图2

这些变化体现在普惠金融服务供给主体、金融产品、服务形式以及服务对象的全面升级。

供给主体：建立银行为主、非银为辅的多层次金融产品和服务体系，探索政银企共生共荣的服务生态。通过与不同行业和领域的企业建立合作关系，整合上下游资源，共同开发市场，并在此基础上提供综合金融服务，加强与科技公司的合作，推进金融科技创新，为客户和整个生态系统内的参与者创造更多价值和机会。

金融产品：从单点式、简单式的信贷融资产品创新转向多点式、体系化的金融产品组合创新。金融机构开始联动内外资源，开发涵盖信贷、保险、投资、财税等多种金融工具的组合产品方案，以满足客户在不同发展阶段和不同场景下的复杂金融需求，同时推进金融产品的数字化进程，提升产品的智能推荐和个性化配置能力。

服务形式：从传统的依托支行网点、农村服务站和地推团队的"人海战术"服务转向数字化平台支撑的智能化服务运营体系。移动互联网、人工智能、区块链等技术的发展和应用，能够帮助银行等金融机构构建覆盖广大长尾客群的更加高效智能的服务运营体系，进一步提高服务效率，降低服务成本，实现 7×24 小时无间断服务并持续提升客户体验。

服务对象：从以小微企业和个体工商户为主的"撒胡椒面"式投放转向面向重点领域小微企业、涉农主体和弱势群体的精准滴灌。产业数字化的持续推进和公共数据的可信开放，使得海量多维数据的收集与分析成为可能。而将 AI 大模型能力应用在小微企业精准识别上，通过知识抽取构建产业链图谱。大模型通过读取海量的商品信息、企业关系信息之后，形成产业链图谱，让全产业链上下游的小微"显形"。再通过其信息解析能力，对小微企业的经营情况进行秒级评价。大模型就像一个 24 小时无休的智能产研专家，读研报、判断产业趋势、解析小微经营数据，评价其信用情况。由此，帮助金融机构识别不同客群的真实面貌和需求，实现服务的个性化和定制化，并提供差异化的金融解决方案。

风险管理：从依靠传统模型和经验的风险管理转向大数据驱动前瞻预警的全流程智能风控。金融机构将探索运用大数据、机器学习、人工智能等先进技术和工具，深入分析理解潜在风险因素、构建复杂精准的算法模型、实现实时监控和预测分析，提高对市场风险、信用风险、操作风险等的精准识别、高效评估和动态控制能力，采取有效措施进行防范和应对。

相关报告显示，截至 2023 年 9 月末，国内商业银行利用大数据、云计算、移动互联网对近 3000 万家中小微企业提供技术支持，科技型中小企业贷款余额 2.36 万亿元，同比增长 25.1%，高科技制造业中长期贷款余额 2.5 万亿元，同比增长 41.5%；全国专精特新中小企业贷款余额为 2.72 万亿元，同比增长 20.4%。资本市场服务科技型企业的功能也明显增强，2023 年第三季度末的科创票据、科创公司债余额约 4500 亿元，超过 1000 家专精特新科技型中小企业在A股上市。由此可见，我国金融科技的快速发展，为普惠金融赋予了强大的能量和发展空间，两者在功能上具有较强的耦合性。例如，金融科技可以有效降低普惠金融交易成本，可以打破传统金融的局限性，突破时间和空间限制。显然，金融科技正以新方式新作为不断开创普惠金融高质量发展的新局面，金融大市场与科技大产业良性循环格局正在形成。

基于数字技术支撑的业务流程线上化，金融服务的自动化、智能化为更多长尾客群提供更高效、精准的金融服务。普惠金融服务已进入田间地头，民营小微企业的融资可得性和便利性大幅提升。例如，当前，不少商业银行在乡镇、村口设置金融服务站点，或在指定合作商户服务点布放银行卡受理终端设备等，为村民提供转账汇款、代理缴费等基础金融服务。大量"村口银行"的出现，正是得益于金融服务的自动化，以及纯线上的贷款审批、风控能力。数字技术进一步延伸了金融服务的半径。

从成本和便利性来看，当前，我国农村地区已实现网络信号全覆盖，智能手机广泛普及，手机银行等业务快速发展。数据显示，我国手机银行业务成本是"面对面"处理业务所需成本的1/5左右，是网点和代理点成本的1/35。随着移动数字技术的发展，基于手机端的金融服务可得性大幅提升，成本显著降低，真正实现了"让金融服务无处不在、随手可得"。

此外，金融科技企业在拓宽普惠金融服务方面也起到了积极作用。网络借贷平台"拍拍贷"的母公司信也科技数据显示，通过强化普惠触达能力，2023年，该公司为金融机构促成普惠业务交易金额超过1900亿元，同比增长超过10%，尤其在小微经济领域，全年为超过80万小微用户链接近500亿元金融资源。

三、数智引擎驱动普惠金融2.0时代高质量发展

迈向普惠金融2.0时代，银行等金融机构全面加速数字金融发展，拥抱新兴技术积极创新，深刻洞察客户需求、体系打造金融产品、革新数字服务模式、全面提升风险管理、合作构建服务生态，助力新质生产力发展，切实践行"金融利民"的使命。

（一）扎实融合的科技底座全面提升普惠金融质效

2023年，农业银行升级"普惠e站"3.0，打造全业务、全功能、全渠道、生态互联的小微企业一站式线上金融服务平台。作为农业银行普惠金融服务的线上业务大厅，"普惠e站"以小微企业融资为核心，建设了"我要开户、我要贷款、我要签约"三大主体功能，布放了"微捷贷"信用类贷款、"快捷贷"抵押担保类贷款、"链捷贷"供应链类贷款三大系列融资产品，提供方便快捷的全流程融资服务。同时，通过支付结算、投资理财、信息资讯、个人金融等服务满足小微企业及关联个人的金融需求。持续的数字化转型推动农行对普惠金融业务模式的深度重构和全面再造，目前，农业银行近八成的普惠贷款来自线上产品。

数据作为第五生产要素，对提高生产效率的乘数作用不断凸显，成为最具时代特征的生产要素。因此，夯实科技底座，强化数智引擎，成为数字普惠金融发展的重要驱动力。

一是拓展数据获取渠道，精准画像优化模型。与政府机构、数据服务商、金融科技平台、担保机构等深度合作，综合运用征信、税务、海关、社保、公用事业、产业链、供应链等多维度数据，借助先进技术和智能算法，进行客群精准画像，持续改进授信审批和风险管理模型，提升放款速度和自动化率，为更多信用"白户"提供首贷、续贷、信用贷、中长期贷

款投放支持。

二是提升金融科技水平，完善数字服务平台。提高金融服务的自动化、智能化水平，完善全渠道一站式的客户服务平台和员工作业平台，实现产品推荐、风险控制、客户服务等业务流程的数字化，提高业务处理速度和服务品质。

三是推动运营管理自动化，持续提升客户体验。通过数字化工具和自动化流程，实现面向客户全生命周期的数字化经营、客户接触界面渠道的无缝衔接和内部运营管理的降本增效，为客户提供更为统一、便捷、个性化的服务体验，进一步构筑竞争壁垒。

建设银行创新以数据为关键生产要素，以模型为主要生产工具的数字普惠新模式。在数据应用上，围绕替代性数据推进数据集成，完善数据交叉验证，形成小微企业立体式全息画像，持续提升客户洞察能力。对内，深挖小微企业和企业主结算、交易、资产等行内信息数据；对外，一方面与政府机构合作，从2015年开始使用税务数据，在人行征信基础上进一步拓展工商、司法、海关等40类、3000余个数据项，另一方面加强与第三方商业数据主体合作，2021年以来针对个体工商户等下沉市场的长尾客群，扩充商户经营数据来源，提升客户画像精准度。在模型研发上，进一步拓展数据应用场景，围绕客户营销、申请准入、贷款审批、额度计算、预警监测、催收处置、续贷管理、经营管理等八类场景，建立140余个数据模型。实现批量化、多维度企业信用评价体系，与自动化、标准化信贷作业流程，化繁为简大幅提升普惠金融服务质效。

（二）隐私计算等新兴技术促进了数据要素的流通，显著降低信息不对称

缺乏信用证明，是很多长尾客群在获取金融服务时面临的难题。尤其在农村地区，因为信用数据缺失，相当一部分人群无法享受更多金融服务。金融科技的广泛应用以及银行数字化转型，为普惠金融的深入推进提供了可能。

金融机构借助数字技术搭建开放平台，通过互联网获得更多维度信息。一方面链接在线场景和用户；另一方面链接各类金融机构，降低信息不对称，提升获取金融服务的可能性，打通金融支持实体经济的'最先一公里'和'最后一公里'。

例如，基于交易记录，建设银行推出了小微企业评分卡评价模式，从"以财务指标为核心的信用评级"转向"以交易记录等大数据为核心的履约能力判断"，挖掘小微企业信用曲线，建立起融资"正面清单"，破解小微企业资信不完整问题。

数据的共享也为金融服务深入推进提供了更多可能。为破解银企信息不对称难题，近年来，国家出台多项政策意见，鼓励政府部门向金融机构有序开放政府公信力数据，并在健全信用共享机制等方面提出诸多指导方案。商业银行注重数据共享，引入全国及地方信易贷平台、金融综合服务平台等高价值政务数据，夯实了普惠金融数据基础。

招商银行通过隐私计算技术在各方原始数据不出域的前提下，引入地方高价值政务数据如税务、社保等数据，推出普惠数字化获客新模式，并围绕中小企业客群，以差异化的风险缓释方式、定价及客群定位，初步构建起普惠多层次数字化产品体系，实现"1对N"的全产品、全场景额度匹配推荐，为客户提供个性化组合融资方案。

2024年5月24日，在福州举行的数字中国建设峰会上，网商银行农村金融创新服务入选国家数据局"数据要素x"典型案例。该服务由农业农村部大数据发展中心（以下简称大数据发展中心）与网商银行联合发起，在蚂蚁集团隐私计算技术的应用下，将农业大数据引入金融风控，结合大山雀卫星遥感风控系统，为小农户提供秒贷秒批，随借随还的普惠金融服务。截至2024年5月6日，超606万农户通过这一服务获得银行的贷款额度，累计授信964亿。从其借钱不求人，不用再跑银行网点，手机点一点就能"秒贷秒批""秒借秒还"。其中，小农户是主要获益者，410万农户首次获得银行贷款额度。客户中近八成为种植面积10亩以下的小农户，为以往金融服务难以覆盖的"毛细血管"。地上的隐私计算连上天上的卫星遥感，让数据成为农村金融"新农资"。

（三）大模型带来的人工智能新一轮变革，让普惠金融更普惠

如果说大数据是银行业数字化转型的1.0版本，那么大模型为代表的新一代AI技术的应用将带领金融业走向全新的阶段，让大家看到了技术普惠推动金融普惠的更广阔的空间和全新可能性。

1.人工智能赋能不同业态的金融机构

大模型技术在普惠金融业务中发挥着重要作用，大模型的广泛接入有望解决目前金融科技定制化服务成本高以及客户需求变化速度快等存在于银行数字化改革进程中的问题。相较于传统技术，AI大模型技术具备更强的可拓展和定制能力，能更好地理解自然语言、处理大数据，助力行业内与行业间的数据融合、开放协作。不仅仅是银行，消费金融公司、融资担保公司、基金公司、金融科技公司、征信公司都在大模型服务普惠金融的思路上进行了不同程度的探索。

在2024全球数字经济大会人工智能专题论坛上，由北京国资公司所属北京再担保公司打造的"再享"大模型，因赋能普惠金融行业降本增效，入选"2024人工智能大模型场景应用典型案例"。"再享"大模型是结合普惠金融行业的实际需求，运用自然语言处理、知识图谱、深度学习等人工智能技术，打造的垂类大模型。从批量获客、智能营销，到海量数据、智

算授信，从合同智能生成及审核，到远程尽调、实时风控，智能文本写、查、审。通过实现专家经验可复制，切实降低一线工作者劳动强度，全面提升小微企业融资的获得感和体验感。

还有部分银行专注服务小微企业和"三农"，长期践行普惠金融。在IOT、卫星、大模型等数字科技综合应用方面做了诸多探索。例如，浙江网商银行将企业、行业图谱计算应用到供应链金融，推出了基于数字技术的供应链金融解决方案——"大雁系统"，基于大规模图计算、多模态识别、区块链隐私计算等技术，实现了对于核心品牌企业、上下游供应商、经销商、终端门店之间的准确识别和关系刻画，解决小微企业在供货回款、采购订货、铺货收款、加盟、发薪等生产经营全链路的信贷需求和综合资金管理需求。以汽车产业链为例，截至目前，网商银行已识别链上270万小微企业，为超过100万小微企业提供信贷额度。获得金融服务的用户中，64%为首次获得纯信用贷款，近3成为科创型企业，且获得了更高的额度。因为秒贷秒批的金融服务，他们在经营上实现了"0账期"，可以多接订单，每月交付量平均提升17%。

小微客户财务信息等传统使用的"硬数据"失真度相对较高。基于大数据和大模型的能力，可以利用大量曾经难以获取的"软数据"。这些软数据可以正面或侧面反映客户经营状况、行业走向、行为品行等，与财务信息等硬数据结合可以更好地评估客户信用风险。通过不断深化软硬数据的融合解析和挖掘，可以更全面地了解客户的真实情况，了解借款人生活习惯、贷款态度、家庭状况、金钱观及工作与收入等，能深入揭示客户的还款能力和稳定性，从而更准确地判断客户的信用状况和还款能力，避免向高风险客户发放贷款，从而优化资金利用效率，提高资金的回笼率。

专门的消费金融公司从银行独立后更专注、更深入地挖掘消费场景，也让大学毕业生和外来务工人员为代表的新市民、外卖员、家政等灵活用工人员为代表的城市蓝领等传统金融中的边缘弱势群体的需求被更多地关注到。这种深入田间地头、嵌于城市生活的金融服务，或用于改善消费，或用于生活应急。多家消费金融公司都投入大量力量研制和推出了针对性更强、费用更合理的消金产品。例如，2023年中信消金专为针对重庆市黔江区，云南省元阳县、屏边县，西藏自治区申扎县等中信集团重点帮扶地区推出帮扶产品"破晓计划"，主要面向帮扶地区的农村客群提供消费金融服务。除了活动性的定向消费金融服务满足聚焦群体，赋能消费金融用户自身成长，提升生活的幸福感和安全感，是更长期而有价值的"耐心普惠金融"。重庆蚂蚁消金提出"交互式成长用户自证"服务，以公积金、房产、银行流水、个税、征信等为核心自证数据项，建立了一套以多模态数据采集、识别、验真为核心手段的自证增信链路，引导和陪伴这些基层劳动者学习信用维护，支持"金融小白"逐步成长。

多类金融机构都率先尝试了基于大模型的智慧消保。例如，金融服务面临合规风险管理的复杂性与客户需求的多样性难题，诸如基于大模型的新一代多模态合规分析平台等平台陆续投产。处理对话数据、图片、音频和视频等多格式信息，采用大小模型组合式AI合规检查机制，自动进行素材审核、高投诉客群识别、业务流程分析等任务，部分金融机构反馈素材瑕疵率从53%降低至6.05%，违规内容检出率提升至85%至98%区间，严重违规内容的召回率达到80%以上，相较于人工质检，效率提升幅度超过1000倍，显著提升服务质量监督、客户满意度和忠诚度。

面向金融消费者，各类机构也推出了数智化金融反欺诈。比如，蚂蚁消金运用材料篡改检测技术（基于多模感知识别）、图挖掘图推理技术（基于大规模金融知识图谱）、隐私计算技术推动行业黑产联合治理。基于凭证材料内容理解技术和通用篡改检查技术，金融凭证材料微小改动可被识别发现；利用图挖掘图推理技术，实现黑产线索快速定位洞察；通过隐私计算和联合建模与机构形成联合治理方案，则可以不断提升金融场景欺诈识别的自动化、智能化水平。2023年，蚂蚁消金的金融凭证假证识别技术准确率达到97%以上，大大提升金融材料识别精度和人审效率，自动识别超10种诈骗手段，累计呼叫提醒超10万人。为健康、安全的金融消费环境提供有力支撑。

2.人工智能助力金融机构更精准识别长尾金融用户的需求

在客户洞察和营销策略制定中面临数据挖掘不足、个性化服务缺失和坐席效率低等难题，运用大模型的生成、理解、归纳能力，可以构建智慧洞察平台。通过大小模型结合，有效解决了大模型在分析速度、成本及幻觉问题上，自动挖掘有价值的对话，精准判定客户需求、智能提取关键信息、快速归纳客户特征，为数据中台和知识中台提供高价值数据，显著提升了营销效果、坐席效能和质检效果。同时提供个性化信息补充，优化客户对话偏好分析，助力高效制定人机协同策略，实现客户营销策略的精准化和数字化资产的增长。

通过人工智能的技术应用，现在可以完全解析用户过去很长一段时间内的用款规律。以小微企业主为例，根据其行业特点，他们通常在每年的6月、3月和9月有固定的用款周期。通过机器学习的能力，可以抽离出用户的这种规律性，并提前进行预测。在用户不需要的时候不会打扰他；而在他临近需要的时候会自然地呈现在他面前，提供极致化的用户体验。精准的金融服务能够更好地了解客户需求和市场变化，更好地满足客户需求，提高客户满意度。

除了长尾、多样的小微企业，更多样化和差异化的个人群体在获得近20年数字支付的普惠服务后，也产生了更显著的差异化金融需求，例如，随时随地可获得的理财服务、保险选购和理赔服务以及配套的金融教育和知识。除了发展时间较长的支付和信贷服务，对普通人的普惠金融服务从可覆盖逐步走向多元满足。

比如，互联网保险，过去十年互联网发展为大量用户获得投保、理赔等服务提供了巨大的便利，在广度上覆盖度显著增加。同时也诞生了众安、蚂蚁保、微保等大量基于互联网服务上亿保险消费者的机构。如此众多的用户，在线理赔一直是难点。为了更好地服务保险消费者，少跑腿快理赔，"蚂蚁保"通过搭建智能化理赔平台，建设了高精度的"自动化信息提取"和"自动化核赔"双智能引擎。自动化信息提取通过融合文档的图像、版面以及文字信息，构建高精度的自动化信息提取平台，实现材料分类、材料去重、凭证归档、凭证 KV 提取、票据表格识别等功能模块。自动化核赔通过将借助十万级典型理赔案件提取信息和结论，构造了高精度核赔决策模型。进行自动化核赔时，核赔决策模型首先针对用户上传的理赔材料，利用自然语言处理技术，进行关键信息（时间、诊断、手术、既往症、医院等）的实体识别、关系抽取并按医疗事件进行组装，从而形成结构化的理赔案件。通过大模型的 CoT 逻辑思维链能力，该系统能够快速准确地判断理赔申请的有效性，避免人工审核中可能出现的主观性和误判。此外，与传统的基于分类的黑箱模型不同的是，不仅能够在线智能化地给出核赔结论，在需要拒赔时还能够给出具体的拒赔原因，提升了用户体验。

3. 人工智能让高质量的专业金融服务普惠到尽可能多的人

公开数据显示，当前中国股市投资者有 2.2 亿人次，基金投资者超过 7 亿。尽管中国有 7 亿投资者，但国内的持牌财务顾问人数只有大约 20 万。这意味着，平均每个顾问要面对 3600 个投资者，依靠现有人力无法有效填补供给缺口。另一方面，金融服务的门槛又很高，它依赖专业知识，复杂不确定的决策，细致共情的沟通，对行业的专业人才培养提出挑战。尽管很多大众投资者都能便捷地投资各类专业的理财产品，但与此同时，专业的金融服务依旧离普通人较远。大模型压缩了金融通识，同时具备很强的语言交互、认知推理能力，为专业服务的数字化普惠带来一个很大的破局空间和机会。

蚂蚁集团"蚂小财"定位于为普通人提供高质量的金融服务，解决的是高质量金融服务的稀缺性，让高质量的专业金融服务普惠到尽可能多的人。目前，AI金融服务助理"蚂小财"已服务超过5900万个人投资者，提供市场解读、持仓分析、保险选配等理财保险服务。

基于严谨应用大模型Finix和专业智能体框架agentUniverse，"蚂小财"产品模仿专业专家团队，分步建立对宏观、中观、微观金融信息的分析能力，大到整个市场、每个板块，小到具体的基金产品和企业等。通过多智能体协同能力的加持，像人类金融分析师那样提供专业化的服务。"如果想要真正为用户带来专业的有洞察的信息或者观点，就需要让智能体像这些分析师一样走得更深。"

四、结语

普惠金融不仅仅是新质生产力发展的重点领域，更是对共同富裕和社会公正的深刻实践，它关乎每一个普通人的福祉，每一个小微企业的梦想，以及广袤乡村的振兴希望。普惠金融的跃进，也是对人类智慧和勇气的深刻致敬。在数字金融的加速发展下，我们能够打破传统金融服务的界限，革新产品服务、主动发现创造、精准满足需求，让普惠金融成为推动新质生产力发展和社会进步的强大引擎，为每一个人提供实现梦想的可能。

征信科技与普惠金融

金　波　梁　平　孙　晓

　　征信事业起于为人民服务，兴于为人民服务。征信机构全面贯彻落实中央金融工作会议精神，坚持征信为民的服务宗旨，紧紧锚定服务实体经济和防范金融风险的目标，提升征信体系供给能力和运行质效。当前，在大数据、人工智能、区块链等技术为代表的新质生产力助力下，征信机构不断完善普惠金融服务供给，切实提升普惠小微群体的长尾覆盖面，有效强化征信权益保护，奋力谱写"普惠金融"大文章。

　　近年来，人工智能、大数据、区块链等技术持续推进征信业务转型，有效助力提升普惠金融服务的效率和包容性。征信科技有效助力培育新质生产力，积极赋能征信业高质量发展，推动构建中国特色普惠金融生态。征信机构更好贯彻"以人民为中心"的普惠金融服务宗旨，切实提升普惠

　　金波，高级经济师，朴道征信有限公司副总经理，朴道征信研究院副院长；梁平，高级经济师，朴道征信有限公司战略发展部总经理，朴道征信研究院秘书长；孙晓，朴道征信有限公司战略发展部经理。

小微群体的长尾覆盖面，有效强化征信权益保护，奋力谱写"普惠金融"大文章。

一、征信科技有效赋能新质生产力发展

征信科技助力建设中国特色的普惠金融体系，是建设金融强国的客观要求，也是推进新时代普惠金融高质量发展、坚持走中国特色金融发展之路的必然选择，更是金融支持中国式现代化的有力支撑。

在大数据、人工智能、区块链等技术为代表的新质生产力助力下，征信机构不断完善普惠金融服务供给，着力提高普惠金融资源配置效率，优化普惠金融产品质效，有效助力形成与全面建成小康社会相适应的普惠金融服务和保障体系。

（一）大数据人工智能技术助力替代数据的征信应用

大数据技术是指在大规模、高速、多元、多类型、多格式的数据流量下，对数据进行存储、清洗、整合、分析、挖掘、可视化等复杂操作。人工智能技术以大数据技术为基础，通过机器学习和深度学习等技术对算法和模型进行优化，使得计算机能够进行自主学习和改进。征信业务中大数据和人工智能技术的应用主要呈现如下特点：

首先，替代数据在征信领域实现广泛应用。数字时代，征信业务进入大数据征信时代。在传统信贷场景产生的信用信息之外，互联网企业借助社交、购物等平台获取了海量非结构化数据。个人征信机构将其作为信用"替代数据"应用于个人信用状况判断，利用多维度数据为用户建立信用报告或评价评分，对信息主体进行信用评估。上述信息具有海量、高频的特点，需要不断创新大数据分析技术进行实时处理。

其次，更精准地优化普惠金融风险控制。在传统征信体系下，信用评估模型依赖于有限的数据源及基础人工统计分析，只能部分反映个人、企业的信用状况。而基于大数据的人工智能信用评估模型，通过整合多维度的数据资源，如平台行为、消费记录、支付行为等，能够更全面精准对客户进行画像。在实际金融业务场景中，融合了大数据技术的信用评估模型能够大幅提高评估的准确性，帮助金融机构做出科学决策，降低信贷风险。

最后，能够更好地防范信贷交易中的欺诈行为。大数据驱动下的反欺诈系统能够更好地进行数据分析，通过对相关欺诈行为进行及时预警，有效降低关注名单的误报率及漏报率。此外，大数据技术通过自动化和智能化的处理方式，可以在短时间内迅速反应并处理较大的数据量，从而提升处理效率。

（二）隐私计算技术助力信用信息可信安全流通

隐私计算的核心理念是将数据可见的具体信息部分和不可见的计算价值部分进行分离，实现"数据可用（可计算）不可见（不可获取）"，进而消除各个数据协同方之间对于数据安全和隐私泄露的顾虑。

征信机构通过隐私计算平台，将数据的归属权与数据的使用权剥离开来，解决当前大环境下的数据孤岛连接、数据合规共享等问题。以此为基础创新应用业内领先技术，包括多方安全计算、联邦机器学习、可信执行环境等交叉技术，使用了混淆电路、秘密共享、同态加密等算法，帮助用户在安全合规的前提下进行十亿级数据交互、百万级样本建模工作，高效地进行隐私保护下的多方计算与跨域建模，发挥各方数据价值，实现数据的可用不可见，高效地服务联合风控、联合营销等应用场景。

以多方安全计算、联邦学习、可信执行环境等为代表的隐私计算技术，在数据应用与隐私保护之间承担了从"可用不可见"到"可用并可控"进而"可控可计量"的重要作用，助力金融机构对客户进行信用评估，提高客户经营和风险管理能力。风控方面，隐私技术实现金融数据与其他行业数据的加密互通，优化金融机构过度依赖历史数据、维度少、同质化严重等情况，隐私信息检索过程满足了查询机构与数据提供方的互盲要求，促进形成数据安全的多方联防联控机制。

（三）区块链技术助力打破信息孤岛

区块链为互联网时代的征信体系建设提供了新思路。区块链具有开源可编程、防篡改性、分布式存储、准匿名性、安全可信等技术特点，目前区块链技术已在征信行业有所落地应用，推动打破原有信息壁垒。从实践案例看，"区块链+征信"应用大致分为两种模式，一种是"数据上链"，利用区块链技术连接政府部门和金融机构中心数据库，实现信息共享。这种模式对目前征信系统的系统改造小、成本低，但也存在信息提供者失去控制和缺少信息校验机制等突出问题；另一种模式是"链上重构"，搭建以区块链技术为基础的征信系统，实现信息的共建共享。这种模式是区块链技术应用于征信的最为彻底的方式，是一项投资大、耗时长、涉及全社会的系统工程。

区块链技术以其分布式存储、安全可信等的技术特点，主要在以下三方面有效助力征信业务的高质量发展。

首先，区块链技术在征信业务中的应用可以更好助力信用信息互联互通。通过将存储在网络中多节点的数据有机链接起来，推动信用信息共享由一元主导向多元主体协同转变，为破解不同数据源间交互联通的现实掣肘提供了有效途径。

其次，区块链技术助力实现更好的隐私保护。上链各节点通过使用非对称加密算法，进行数据加密和身份验证，实现数据互联互通和数据的匿名性，进而促进隐私保护。通过区块链技术对个人征信体系进行重新构建，可以增强个人信息保护。

最后，区块链技术助力提高数据质量及征信产品质量的提升。区块链的核心特点是可追溯性、共识性和不可篡改性。区块间首尾相连形成链条结构，保证了数据的完整性；通过共识算法，各节点对数据进行验证和记录，确保了数据的一致性和准确性。值得关注的是，被写入区块链的征信数据是很难篡改或删除的，这有效提高了数据的真实性及可追溯性。

二、征信科技助力普惠金融高质量发展

在征信科技的助力下，征信机构作为信用信息的传输枢纽，积极促进信息共享，降低信息不对称和交易成本，助力金融机构风险管理和交易决策，对数字普惠金融深化发展发挥了重要的支撑作用。

（一）缓解信息不对称，提升普惠金融服务可得性

普惠金融人群传统的征信数据相对匮乏，信息孤岛现象严重，金融机构很难对该类人群进行较好的信用和风险判断，线上贷款业务很难开展。在征信科技的助力下，征信机构把广大中小微企业、城市低收入人群和农村居民纳入征信系统，扩大了征信服务范围，大幅提升了金融包容性。

公共征信机构通过对信贷数据及部分公共数据的收集处理有效缓解了金融服务中的信息不对称性。据报道，2015年末人民银行征信中心收录自然人规模8.8亿，有信用记录人群规模仅3.8亿。截至2023年10月底，征信中心收录自然人已上升至11.6亿、收录企业和其他组织1.2亿户，有信贷记录的自然人7.3亿、有信贷记录的企业和其他组织1185.6万户。征信中心建设运维的金融信用信息基础数据库已成为全球覆盖人口最多、收集借贷信

息最全的征信系统。查询信用报告成为金融机构开展信贷业务、进行风险防控的必要环节，为金融服务实体经济的良性发展提供有力支持。

另一方面，仍存在大量无信用记录群体，金融机构难以有效判断其风险，进而难以适宜条件提供金融服务。新冠疫情暴发以来，各类金融机构业务开展线上数字化进程成为不可逆的趋势。线上业务开展背后需要强大的数据和系统支撑。抵质押物不足、信用信息缺乏，致使金融机构难以对小微企业和个体工商户的财务状况、经营风险等进行全面分析，限制了小微企业和个体工商户的融资能力。而伴随数据的爆发和信息技术的发展，诞生了丰富海量的个人相关数据，大量替代数据（借贷信息以外的数据）被采集、加工，应用于判断信息主体的信用状况，形成了新兴的征信活动，替代数据成为征信业的重要生产要素。市场化个人征信机构通过采集处理信贷信用信息之外的替代数据，通过大数据分析和深度挖掘技术，大大拓展了"信用白户""准白户"的信用信息维度，能够更有效解决相关人群的信息不对称问题，从而让金融机构增加了风控判断依据，促成更多普惠金融人群可以获取到信贷服务。

以朴道征信为例，2024年1季度，朴道征信各类产品累计调用量近350亿次，系统累计收录自然人超过5.9亿人，累计收录企业和个体工商户超过6400万户。朴道征信牵头建设的"京津冀征信链"上链产品调用总量超过2700万笔，金融机构依托"京津冀征信链"授信支持户数超过2200万户，贷款发放总额超过1200亿元。持牌市场化征信机构实现了对公共征信机构的有效补充，对于助力数字普惠金融发展，提升金融的包容性可得性有重要作用。

（二）提升信贷风控能力，构建普惠金融良好生态

在金融科技助力下，个人征信机构能够更好识别普惠金融人群信用关

联关系及风险要素，从前端的客户获得，数据的收集分析到决策，到贷中风险跟踪等实现全流程管理。

数据是风控的前提和核心要素。金融机构的风控，经历了从传统模式、大数据风控再到智能风控的演化过程。传统风控主要依赖征信数据和专家经验等，缺失征信数据将难以进行风险定量。大数据风控是针对个人和企业的多维度、海量信息进行采集、整理、挖掘和分析，识别判断信用主体的信用状况。相对于传统风控手段，大数据风控体系的数据来源更广、维度更多，决策审批过程自动化程度更高，基于算法构建的模型更客观公正。智能风控，是在大数据风控的基础上，通过强化算法、算力等人工智能技术对风险进行深度挖掘，实现全链路风险控制的自动化，是对数据的深度挖掘应用。风控面对的最大挑战之一是快速变化的风险形态，"智能"和"反欺诈"正在成为银行数字风控的核心关键词。征信是对信用信息进行产业化共享的行业。场景的丰富、在线交易的激增，没有一家机构能够独自掌握全面的数据。而独立第三方的征信机构正是信用信息开放共享的重要载体，发挥信用信息基础设施作用，在保障信息安全、合规等前提下，通过汇集各类信用信息、融合应用，更全面地反馈个人、企业的信用情况，帮助金融机构有效应对不断增长的欺诈、电诈等风险。如有些借款人超出偿债能力短时间内在多家金融机构密集发起借款申请，恶意"撸贷"。这一现象已成为金融机构产生不良贷款的重要原因之一。针对恶意"撸贷"行为，朴道征信研发了"讲信"系列监测"多次借贷申请行为"的征信产品，通过监测贷款申请人的申请频率、数额、机构及行为模式，对贷款人借贷行为对机构进行提示。

（三）促进信用消费，更好满足人民美好生活需要

近年来我国消费贷款增长迅速，截至2023年末除个人住房贷款外的消

费性贷款余额达 19.77 万亿元。蓬勃发展的消费金融离不开大数据征信体系的支撑，信用信息尤其是替代信息的应用为消费金融增长提供了坚实的数据底座。通过多维度的数据应用，更好促进消费的大众化和普惠性。当下及未来，个人征信机构将更加积极地促进金融产品与创新场景、海量数据的深度融合，助力培育壮大数字消费、绿色消费、健康消费等新型消费，稳定和扩大传统消费，优化消费环境，更好服务人民对美好生活的向往，在支持经济社会高质量发展中实现自身高质量发展。

（四）助力个人信息保护，为普惠金融高质量发展保驾护航

近年来，大量大数据公司在利益的驱动下，过度采集个人数据，并将其应用于金融创新活动中，数据变现的同时造成金融乱象、数据应用乱象，给经济社会运行秩序造成挑战。在此背景下，《网络安全法》《数据安全法》《个人信息保护法》等先后施行，明确提出处理个人信息需要遵循的原则和要求，对规范数据处理及使用，保护个人信息等提出新要求。持牌个人征信机构积极助力征信供给侧结构性改革，通过参与征信业务合规改造，强化信息安全和个人信息保护。

首先，助力助贷业务合规整改，筑牢信息共享和使用安全边界。通过明确征信机构对信息提供者的业务流程审查、协议约定、报告等职责，对信息使用者的审查、安全评估、行为监测和异常核查职责，将信息提供者、信息使用者纳入监管范围，实现了对信用信息采集到使用业务链条全流程、全角色的监管覆盖。通过加强对征信机构的行为和责任约束，实现以征信机构为抓手，加强征信行业全链条监管，强化信息安全和信息主体合法权益保护。

其次，征信机构通过制度建设促进数据安全及内控合规，保障信息主体合法权益。通过对市场化个人征信机构进行严监管，完善制度建设，践

行全流程合规理念，针对个人信息保护、数据引入、信息安全、异议处理和征信投诉等出台规章制度，更好保障信息主体合法权益。

个人征信机构是连接海量数据源、科技企业、金融机构的信用信息基础服务设施。明确个人信息收集、使用范围，加强信息流数据流的专门监管，可以有效加强普惠金融群体个人信息保护，切实维护好广大人民群众的信息自决权、隐私权、知情权，使人民群众在数字时代收获更多的安全感、拥有更多的幸福感。

三、征信科技赋能普惠金融案例："京津冀征信链"助力缓解小微企业融资难题

（一）项目背景

2019年，习近平总书记在主持中央政治局第十八次集体学习时指出，要发挥区块链在促进数据共享、优化业务流程、降低运营成本、提升协同效率、建设可信体系等方面的作用，推动区块链和实体经济深度融合，解决中小企业贷款融资难、银行风控难、部门监管难等问题，利用区块链技术促进城市间在信息、资金、人才、征信等方面更大规模的互联互通，保障生产要素在区域内有序高效流动。为落实这一指示精神，人民银行依托区块链、大数据技术，积极指导地方征信平台和市场化征信机构，先后在长三角、珠三角、京津冀地区试点建立"征信链"，实现跨区域、跨系统、多维度企业信用信息共享互通，助力银企融资对接，助推区域经济一体化。

（二）"京津冀征信链"解决方案基本部署情况

2021年4月，朴道征信有限公司在人民银行总行和京津冀分支机构的指

导支持下，联合区域内8家企业征信机构，共同发起建设"京津冀征信链"。

"京津冀征信链"体系采用互联网架构，在"长安链"底层技术体系基础上定制开发，基于基础硬件、账本数据、共识协议、智能合约、隐私保护等核心技术和监管支撑的内在安全系统，汇聚工商、司法等多领域数据，通过征信数据跨行业、跨机构、跨地域安全可信共享，精准反映企业信息、动态经营情况，是征信服务在推动实体经济发展、化解信贷风险，发挥支持小微企业融资关键作用的全新探索。

"京津冀征信链"主要包括征信链应用系统和区块链系统。征信链应用系统与底层区块链系统通过接口进行交互，实现征信机构、金融机构、监管机构、数据源机构上链，支持身份数据、征信数据、授权数据、查询记录等信息上链和可信核验，建立共享共赢的数据可信透明流转机制。"京津冀征信链"结合京津冀特色定制开发系统功能，设计四类节点应用功能。监管机构可实时参与链上征信数据的应用监管，把控信息安全；征信机构、金融机构和数据源机构三类节点发挥区块链分布式存证和大数据互联互通的优势，实现业务去中心化处理，保障征信信息异地可信共享。各类上链节点应用功能具体如下所示。

第一，征信机构作为普通节点接入，不同规模和性质机构间实现平等共享共治，享有共享征信数据、提供个性化产品的权利；节点具备数据上链（数据索引上链或接口调用上链形式）、用户管理（受所在地人民银行委托维护本地查询机构，分配查询机构管理员用户权限）和业务管理（实时统计监测本机构共享征信数据使用情况，以及本地查询机构委托查询记录）等三项基本功能。

第二，金融机构通过当地征信机构接入或直接作为节点接入，具备授权文件上传（金融机构在获取企业或个人书面授权后，可将授权文件上传至征信链）和报告数据查询（支持PDF文件和模块化数据接口两种方式）

两项功能。

第三，监管机构作为监管管理中心节点接入，可全流程监控辖内征信链运行情况，具备态势感知（实时掌握辖内授权上传、报告查询、数据上链等功能运用情况，监控查询用户开立及使用情况，监测征信链运行的稳定性）、过程管理（对上链征信机构、金融机构历史行为记录全流程追溯，实现在线穿透监管，便于违法违规行为及时发现和处置）两项功能。

第四，数据源机构作为节点接入，通过征信链实现数据上传共享，并全流程监控共享数据授权使用，实现历史纪录的可追溯。

"京津冀征信链"上链产品形式充分考量征信机构、金融机构数据产品和需求特色，构建出模型评分、征信报告、标签画像等各类链产品应用，支持全部主流征信产品上链查询服务。自2022年4月首款评分产品上链发布以来，目前已实现评分、画像和信用报告等全部主流征信产品上链部署应用。

（三）"京津冀征信链"助力缓解小微企业融资难题

2021年7月，"京津冀征信链"建设启动。2022年4月，首款产品上链发布，正式启动商业化应用探索；2022年11月，首款跨区域调用产品上链运用，应用功能和成果持续扩大。2023年，上链产品部署由单一节点扩展至多家共建机构征信链节点，由单一核验产品扩展至模型评分、画像标签、信用报告等全品类矩阵，产品调用实现京津冀区域内本地、异地同步。截至2024年2月底，上链产品调用总量已超过2700万笔，单月调用保持在150万笔以上，金融机构依托"京津冀征信链"为2100多万户中小微企业提供授信，贷款发放总额超过1200亿元。2023年，朴道征信"京津冀征信链"服务平台获得北京市经济和信息化局"中小企业公共服务示范平台"称号。

"京津冀征信链"按照分步推进、稳步扩大原则，引导区域内其他市场化征信机构及政府部门运用新技术和新规则同推共建，为持续发展探索路径、创造条件，奠定京津冀地区更多金融机构上链和成立征信机构联盟的基础。同时，在完善节点部署和产品功能的基础上，努力构建征信数据在金融场景间的共享应用，通过三地涉企信用信息的互联互通，联接"信息孤岛"、打破"数据壁垒"，以大数据征信推动对小微金融服务能力的提升，纾解小微企业融资"缺征信"的痛点，助力融资供需双方的有机衔接和高效对接。

四、征信业优化数字普惠金融生态的路径探讨

中央金融工作会议为新时期征信行业发展指明了方向，对建设覆盖全社会的征信体系具有极为重大的指导意义。在《征信业管理条例》《征信业务管理办法》等法律法规框架下，征信机构成为信用信息基础设施的重要组成部分，是数字普惠金融发展的重要支撑。

（一）探索建设信用信息共享生态

以个人征信为例，个人征信产品的应用现状是金融机构从征信中心、持牌市场化征信机构分别采集服务产品，并在风控模型及策略中融合应用，这既增加了金融机构征信服务的时间及交易成本，同时也不利于缓解信息不对称。

在信贷信息共享方面，推动个人信用信息共享生态建设主要有两种路径：一是推动金融机构向市场化征信机构的信贷信息共享。市场化征信机构可以致力于推进金融领域的数据共享，推动替代数据与信贷数据的融会贯通，以更好缓解信息不对称，打破数据孤岛。然而，金融机构与市场化征信机构信息共享没有明确的法律规定，数据报送的接口及标准建设等也面临具体的工

程，更好的方法是推动公共征信机构与市场化征信机构的互联互通。高质量数据是高质量个人征信市场发展的必然要求。当前公共征信机构专注于金融机构信贷数据采集，市场化征信机构侧重于替代数据采集。在数据互通不充分的情况下，信息主体在各个征信机构的评价可能不一致，甚至差别巨大，存在"盲人摸象"的情况，对金融机构提供有效服务造成干扰。建议通过完善顶层设计、加强政策引导，推动公共征信机构和市场化征信机构之间数据的互联互通，弥补各自数据短板，优化征信服务供给，全面提升征信产品可信度，更好地满足数字金融发展下人民对征信服务的需求。

信用信息共享的另一个重要维度是推动政务数据的合规高效流通使用。政务数据作为信贷数据的重要补充，在助力金融高质量发展等方面有其必要性，应推动数据要素供给侧结构性改革。征信机构是信用信息互联互通的中心化机构，引入政务数据可以进一步丰富征信产品的信息基础，减少信息不对称。建议积极推动政务数据在征信业务场景应用的先行先试，探索并推广政务数据应用及价值实现的新模式，助力政务数据可信安全试点流通。

（二）健全完善信用信息应用法规体系

中央金融工作会议强调，要加强金融法治建设，及时推进金融重点领域和新兴领域立法，为金融业发展保驾护航。在互联网和大数据时代，个人信息保护与利用的利益平衡是亟待解决的问题。当前，更为可行的方案是以一定的标准实现对个人信息的区别保护和利用，结束个人信息保护与利用零和博弈的状态，实现个人信息保护与利用的多赢。个人征信业作为金融基础设施，在处理应用信用信息的过程中亟须更为明确的法律指引。

一是当前《个人信息保护法》等规定了对个人信息的保护，而对信用信息的利用相关法律规制亟须进一步明晰。以"告知同意"规则为例，该规则尊重个人信息处理的决定权，通过授权的方式构建数据利用和使用权的转移。但另一方面，由于数据权利问题复杂，在数据的采集、存储、使用、加工等环节中，告知同意规则可能给征信机构带来处理困境，因为任何未经个人同意的信息处理均有可能带来违规甚至违法性后果。对比世界上征信行业的成熟市场，通过引入"选择退出"或者特殊事务"责任豁免"等拓宽同意边界，丰富告知同意规则场景，更有利于征信机构更加丰富、全面地收集、挖掘必要的数据和信息。数字经济时代要求数据要素流动，而在没有授权同意就没有使用的法律前提下，如果没有适当的弹性空间，便限制了数据要素发挥更大价值。

二是数据权属缺乏清晰指引下的数据交易及应用难题。数据确权是数据资产化的基础和交易流通的前提，个人征信机构当前对数据处理相关权利主要依据《个人信息保护法》《数据安全法》《征信业管理条例》《征信业务管理办法》等法律法规及与相关方的合同约定。不同机构对于数据处理流程中，双方数据留存及进一步使用的权利义务约束不同，缺乏上层法律法规指引。如在获得信息主体授权情况下，能否获取其公共数据，能否基于业务留存数据进一步加工产品，缺乏明确指引。市场化个人征信行业是典型的个人信息处理行业，建议对个人征信行业业务链条中数据权属划分、各方权利义务等进行梳理、规范，予以规范性文件指导。

（三）探索推进负责任的征信大模型应用

大模型应用于征信领域将重塑征信科技，重塑征信行业及金融行业的工作方式，并进一步改变征信服务金融发展生态。征信领域的大模型应用可实现前中后台全覆盖，例如，在信贷领域最核心的业务风控环节，以大模型为核心衍生的智能征信解读，更加全面高效地理解和判断用户，提供量化出资决策，提升金融机构内容运营的效率。大模型还可以通过深度学习，从大量的交易数据中学习和识别异常交易模式等，这些都是大模型技术在征信领域应用的可能探索。

从国际征信市场来看，三大征信机构中环联、益博瑞正在开展关于大模型的业务探索。环联在今年推出名为OneTru的平台。该平台采用大语言模型和检索增强生成技术来促进数据导航，提供分步解释和人工智能生成的答案，为金融机构提供人工智能和机器学习工具，以满足信贷、营销和欺诈需求。益博瑞将大模型应用于商业信息数据（BI）的准备工作，即通过大模型的自动评估能力，来处理应用到风险模型中文档和业务报告。此外，还应用于模型监控、合成数据、提高编码效率等。视野回到国内，征信机构要积极探索负责任的大模型应用，助力征信业务创新，扩展金融服务场景，更有效支持金融服务实体经济发展。

参考文献：

黄靖雯，陶士贵. 以金融科技为核心的新金融形态的内涵：界定、辨析与演进［J］. 当代经济管理，2022，44（10）：80-90.

孙晓，张斌，梁平. 政务数据助力金融高质量发展的现状及思考［J］. 银行家，2023，（10）：102-105.

张春艳. 关于信用科技在金融行业应用情况研究［J］. 金融科技时代，2024，32（06）：66-69.

赵炳昊. 金融领域中人工智能应用的监管与法律规制［J］. 郑州大学学报（哲学社会科学版），2024，57（03）：51-57+142.

张冰莹，乔璐. 新发展格局下我国全覆盖征信体系建设——基于区块链技术的实践探索［J］. 征信，2024，42（04）：64-71.

黄益平，陶坤玉. 中国的数字金融革命：发展、影响与监管启示［J］. 国际经济评论，2019，（06）：24-35+5.

陈晓洁，何广文. 金融科技合作与中小银行贷款市场竞争力［J］. 金融论坛，2023，28（11）：36-46.

赵大伟. 数字科技在普惠金融领域应用的机遇、挑战与未来展望［J］. 农业发展与金融，2024，（04）：40-44.

质量认证助力弥合数字鸿沟的实践探索

张海燕　　段力畑　　付小康

我国普惠金融发展已经过十余年历程，取得显著成效，特别是在金融科技的助力下，数字普惠金融展现出强大新动能，重塑金融服务的边界，但同时也引发"数字鸿沟"等新型普惠壁垒。面临相关挑战，质量认证作为提升服务标准的关键工具，正逐步成为弥合数字鸿沟、促进数字普惠金融健康发展的重要推手。本文聚焦普惠金融发展现状、面临困难，以及质量认证如何助力数字普惠金融展开分析，旨在探讨在数字普惠金融浪潮下，如何通过有效的质量认证体系，助力金融机构提升服务质量，打破地域与技术的限制，确保金融服务能够触达、普及每一个需要的角落。

一、质量认证构建信任基石，推动包容性服务

"现在办理业务，我只来建行，让我有一种回到了自己家的感觉。"这

张海燕，北京国家金融科技认证中心总经理；段力畑，北京国家金融科技认证中心创新产品部负责人；付小康，北京国家金融科技认证中心认证三部负责人。

是年过七旬的钟大爷对适老化改造升级后的建设银行北京分行的深切感受。北京国家金融科技认证中心助力建设银行北京分行依据《银行营业网点适老服务要求》标准认证，打造成为全国首批"适老服务示范网点"。通过质量认证赋能网点建设转型升级模式，使得建设银行北京分行在服务内容、设备设施、服务规范等方面，以多方位视角进行适老化改造，现场提供暖阳爱心座椅，配备智能放大镜、大字版点钞机、血压仪等助老设施，以更人性化服务践行普惠金融，使诸多老年人等受众群体愿意"舍近求远"，享受更贴心、舒心的服务。

质量认证具有什么内涵？习近平总书记在十九届三中全会上作出"推进质量认证体系建设"重要论述。2017年中共中央、国务院印发《关于开展质量提升行动的指导意见》提出支持发展标准试验验证、检验检测认证等高技术服务业，加快培育标准化服务、检验检测认证服务等新兴质量服务业态，完善第三方质量评价体系，开展高端品质认证，推动质量评价由追求"合格率"向追求"满意度"跃升。2018年国务院印发《关于加强质量认证体系建设　促进全面质量管理的意见》，明确指出质量认证是市场经济条件下加强质量管理、提高市场效率的基础性制度，要将质量认证作为推进供给侧结构性改革和放管服改革的重要抓手，并就加强质量认证体系建设作出全面部署。2023年中共中央、国务院印发《质量强国建设纲要》，提出完善检验检测认证行业品牌培育、发展、保护机制，推动形成检验检测认证知名品牌，为新发展阶段和新发展格局下检测认证工作指明新方向。2023年7月最新修订的《中华人民共和国认证认可条例》和《认证机构管理办法》中规定，认证机构从事认证活动应当遵循客观独立、公正公开、诚实信用的原则，维护社会信用体系。

总体看，质量认证具有"一个本质属性"：传递信任，服务发展；"两个典型特征"：市场化和国际化；"三个基本功能"：质量管理的体检证、市场经济的信用证、国际贸易的通行证。

第一，质量认证是国家质量基础设施的重要组成。从政府侧看，检测认证有助于进一步深化"放管服"改革，助力构建包容审慎的柔性监管环境，提升社会治理水平。从市场侧看，检测认证能够有效发挥保安全底线、拉质量高线作用，服务经济社会高质量发展。从机构侧看，检测认证有助于树立质量至上理念，形成需求牵引供给、供给改善需求的良性循环。

第二，质量认证是金融业高质量发展的重要保障。《金融科技发展规划（2022—2025年）》提出"构建开放创新的产业生态，打造创新应用成果转化新模式，完善应用标准符合性、安全性评价机制"。新发展格局下，金融机构开展金融创新离不开科技武装、数据加持。但同时，金融是经营风险的行业，创新与风险相伴相生，个人金融信息泄露将严重危害消费者合法权益，新技术滥用、误用或将引发风险事件。通过引入第三方专业力量参与金融科技创新的事前把关和事中监督，以检测认证强化过程控制和风险预防，有助于防范因技术产品或服务缺陷引发的风险向金融领域传导，支持金融业数字化转型。

第三，质量认证是金融标准规范落地的重要抓手。《金融标准化"十四五"发展规划》明确提出"在依法合规、风险可控的前提下，鼓励金融科技、金融信息安全、普惠金融、绿色金融等重点领域提供市场化检测认证服务。鼓励各类市场主体、社会组织和政府部门采信检测认证结果"。这表示，在加快标准规范供给的同时，也要推进落地实施。认证本质是一种信用证明，由国家认可的认证机构证明一个组织的产品、服务、管理体系符合相关标准、技术规范等的合格评定活动。通过标准、检测和认证三个环节的衔接能够有效保障标准落地实施效能，提升产品与服务质量。

二、数字化时代普惠金融发展与挑战并存，需要质量认证"铺路搭桥"

自2013年党的十八届三中全会首次提出"发展普惠金融"的战略，将其置于全面深化改革的重要地位以来，多元化、分层次、广覆盖的普惠金融服务体系基本建立建成。随着金融科技的不断发展，数字技术为普惠金融注入新活力，开辟新路径，提供新动能，但同时对普惠金融提出新要求。区域间数字基础设施的不平衡、群体对数字技术接受程度的差异性以及数字金融服务的不标准，一定程度上加剧群体间平等获取金融服务的"数字鸿沟"问题。

在服务包容度方面，金融机构在设计普惠金融产品体系时通常优先满足主流客群需求，针对不同群体需求量身定制的金融产品和服务较少，在一定程度上限制了普惠人群的选择范围。同时，部分数字普惠金融服务在开发过程中没有充分考虑到特殊群体的需求，未能结合语言、文化、性别、年龄、地区等因素对服务流程与用户体验进行针对性优化。在服务获取门槛方面，由于银行网点或服务点标牌标示、机具配备、人员服务等标准不一致，服务设施不完善、流程不规范，导致金融服务质量存在差异，城区与乡镇网点、相邻网点之间客户体验差异较大，客观上提高了普惠群体享受金融服务的门槛。加之部分数字金融服务设置了较为复杂的交易验证流程与方式，身份认证过程相对烦琐，对弱势群体友好度不佳，客观上为用户获取金融服务造成技术屏障和额外学习成本，易加剧普惠群体机会不均等问题。在服务基础设施支撑方面，随着数字经济的发展，传统农村普惠金融触点过度依赖人工服务、设备机具智能化水平不高等短板日益凸显，部分偏远地区现代数字金融体系建设起步较晚，存在基础设施标准化水平不高、信息技术运用较少等问题，无法纵向打通线上线下金融服务、横向共享益农信息社等其他行业触点资源，导致服务范围相对单一，往往基础金融功能"易得"而多元化、高质量金融服务"难得"，在满足新时期普惠群体日益增长的金融需求方面力不从心。在服务链条完整性方面，针对弱势群体，比如，部分老年人、残障人士等运用互联网和信息技术的能力和水平相对不高，加之部分农村、偏远地区软硬件配套不完备，导致这类人群较少使用或基本不用数字产品和服务，较难留下"数字足迹"，缺乏足够的数据基础来准确分析这类群体的需求，从而难以设计出真正符合其需要的金融产品，无法实现这类群体金融服务反馈和优化的闭环。

三、质量认证打破数字鸿沟，助推弱势群众从边缘到核心

与传统服务方式相比，数字技术能够进一步完善服务渠道，打破金融服务的时空限制，提升普惠金融的下沉深度、覆盖广度。但另一方面，数字技术发展带来"数字鸿沟"问题，正成为中国必须面对的治理难题。金融服务既要服务好普通用户，也充分兼顾老年人、残障人士、偏远地区居民等弱势群体的特殊需求，做到真正的"普惠"。为确保普惠金融能够惠及所有群体，特别是那些传统上被边缘化的群体，如老年人和残障人士等，需要发挥质量认证体系保障服务的可达性和提升服务质量。

一是大力推动适老化网点服务认证，提升银行营业网点承载传统服务能力。2016年以来，国金认证依据《银行营业网点服务基本要求》（GB/T 32320—2015）、《银行营业网点服务评价准则》（GB/T 32318—2015），围绕银行营业网点服务环境、服务功能、服务管理、消费者权益保护等方面的要求，运用合格评定方法建立银行营业网点服务认证规则，推出银行营业网点服务认证。近年来，国金认证在加大力度推动网点服务认证基础上，探索打造银行网点"1+N"服务认证模式。其中，基于《银行营业网点适

老服务要求》（T/BFIA 012—2021）团体标准推出适老服务认证，引导金融机构积极打造安全的"适老化"环境，促进网点优化服务。目前，已有累计24个省市689个适老网点通过认证，并被国家市场监督管理总局评为2022年服务认证良好案例。目前，金融机构正在加快实体网点的无障碍改造，设立爱心、绿色、手语服务等特殊窗口，配备盲文密码键盘、可播音式验钞机等专用数字设备；积极运用智能移动终端延伸金融服务触角，为偏远地区、行动不便、有沟通障碍的人群主动上门或远程办理金融业务，做到普惠金融"一个都不能少"。

二是积极开展生僻字改造评估，让金融服务更好地触达老百姓。为贯彻落实《金融服务生僻字处理指南》（JR/T 0253—2022）金融行业标准要求，满足金融机构生僻字改造需求，2022年，国金认证参照《金融服务 生僻字处理指南》（JR/T 0253—2022）、《信息技术 中文编码字符集》（GB 18030—2022）等相关标准要求，推出"生僻字处理能力评估＋测评工具"一体化服务。国金认证借助规范化的测评体系，搭配创新研发的测试工具，真实、准确、全面地评估金融机构信息系统生僻字改造效果，评估服务从金融机构面客服务渠道及场景入手，范围涵盖柜面、手机银行、网上银行、自助设备4种服务渠道；借记卡开户、信用卡申请、存取款、行内转账、跨行转账等11类业务场景；生僻字输入、显示、打印、信息交换、存储和内部处理方法等6个信息系统生僻字处理重要环节，助力金融机构提升生僻字治理能力。目前，已有北京、上海、广东、贵州、广西等地区的多家金融机构参与评估验证，创新研发的"金融业生僻字处理能力集成测试平台"也荣获第十四届金融科技应用创新奖。同时，国金认证不断深入探索金融机构改造需求，针对金融机构和金融软件系统产品，推出金融信息技术产品生僻字处理能力评估服务，评估软件产品标准符合性，推动产品汉字处理标准化，助力金融机构加快处理能力建设。

三是持续开展农村普惠金融服务点服务认证，满足偏远地区日常高频金融服务需求。为进一步促进农村普惠金融高质量发展，落实中国人民银行《关于发布〈农村普惠金融服务点　支付服务点技术规范〉行业标准的通知》（银发〔2018〕237号）要求，国金认证依据《农村普惠金融服务点　支付服务点技术规范》开展符合性评估，调研分析农村普惠金融服务点各地区发展差异性，积极推动普惠金融服务点对标达标工作，助力国家脱贫攻坚重大战略实施。自认证业务落地以来，国金认证依据认证实施规则，推动北京、陕西、江苏、福建、湖南等地区服务点认证达标，对服务点的标识、环境和安全等要求进行了审查，并助力建设银行"裕农通"服务点对标达标工作。特别针对其移动金融客户端软件（APP）模式创新型服务点，引入《移动金融客户端应用软件安全管理规范》《个人金融信息保护技术规范》等相关标准要求，结合《技术规范》进行对标，配合建行启动服务点达标认证工作，对53314个服务点开展标准符合性评估。农村普惠金融服务点标准的认证实施助力提升农村地区金融服务水平，加强农村金融基础设施标准体系建设，支持营造良好的农村金融生态环境。

四、质量认证和数字赋能的协调发展构筑普惠金融未来蓝图

通过数字技术赋能普惠金融，降低金融服务成本，提高金融服务效率，使得更广泛群体享受到便捷、高效的金融产品与服务。然而，随着数字普惠金融的快速发展，如数字鸿沟的扩大、数据安全与隐私保护、服务质量与用户体验的参差不齐等问题也日益凸显。在此背景下，质量认证成为弥合数字鸿沟、提升普惠金融服务质量的重要工具。

一是构建全方位、多层次的普惠金融标准体系。为深化数字普惠金融

健康发展，构建一套全面、科学的普惠金融标准认证体系至关重要。在数字普惠金融服务方面，通过标准化服务流程，提升服务效率和客户满意度，明确线上线下数字普惠金融服务的形式、覆盖范围、服务质量要求及评价标准，确保各类金融产品服务能够真正惠及社会各类群体。在技术安全方面，鉴于数字普惠金融高度依赖信息技术，需制定统一规范的技术安全标准，涵盖数据加密、身份认证、隐私保护等关键环节，确保用户能够享受既安全又高效的普惠金融服务体验。在标准适应性方面，鉴于数字普惠服务形式的多样性，以及区域间数字普惠的差别化，体系需具备高度的灵活性与适应性，制定差异化的服务标准与操作指南，辅以明确的服务质量指标，以精准匹配并满足各类场景下的普惠需求。通过多层次、全方位标准体系，确保数字普惠金融服务既能满足市场多样化的需求，又能推动金融服务更包容、更安全、更高效。

二是深化质量认证在数字普惠金融中的实践应用。质量认证作为保障金融产品和服务质量的重要手段，应在数字普惠金融领域得到广泛应用。其一，积极推动数字普惠金融标准与质量认证的深度融合，确保在标准制定之初考量质量认证的实际需求，通过质量认证有力抓手，促进普惠金融标准的落地有效执行，形成从标准制定、实施、评估到修订的闭环管理体系。其二，充分发挥第三方认证机构独立性及专业性优势，鼓励监管机构加大对数字普惠金融认证工作的认可与支持力度，建立健全互信机制，推动形成具备数字普惠金融认证资格的第三方认证机构清单，提升普惠金融服务质量。其三，对通过认证的数字普惠金融产品和服务可以通过授予认证标识，加大标识采信力度，增强消费者信任以及提高市场透明度，带动数字普惠金融服务质量的全面提升。

三是加强数据融合应用，提升普惠金融数据支撑能力。数据既是数字经济时代发展的核心要素之一，也是当前我国普惠金融发展的重要瓶颈。

数据积累方面，部署数据规划战略，深化社会征信体系，聚焦小微企业、农业农村、绿色产业以及无障碍群体等关键领域，加强数据积累与质量提升，筑牢普惠金融数字化基石。数据治理方面，运用模式识别等技术手段，实施数据分级分类管理，构建统一、全周期的数据治理体系，规范数据编码与接口，加强数据字典和数据资源目录建设，提升数据的准确性、有效性、易用性和通用性。数据共享方面，探索"三权分置"的数据权属模式，明确数据归属、使用权限与共享范围，采用智能算法促进政务平台等多源数据融合与开放应用，构建由区域到全国、由行业到综合的数据平台网络。数据流通方面，应用多方安全计算、联邦学习等前沿技术，确保数据安全与隐私保护，辅以差异化监管政策，降低流通成本，形成健康、可控的数据交易市场环境。

四是统筹推进协调发展，疏解普惠金融可持续发展问题。道德风险防范方面，强化对普惠信贷资金的监管和风险预警，构建多层次资金流向监控平台，建立普惠信贷资源流转的奖惩机制，促进普惠金融风险有效控制。科技治理方面，加强普惠金融的战略部署与创新风险监管，健全支持普惠金融发展的制度规则与基层治理，稳妥推进金融科技赋能普惠金融发展创新风险化解以及守正创新发展。生态营造方面，加强科技公司、互联网公司、公共数据平台与金融机构链接，支持大型机构向中小机构输出成熟的普惠金融技术、产品和解决方案，完善数字普惠金融发展生态。金融素养培育方面，聚焦老年、新市民、低收入等普惠群体，提升其金融素养，增强数字金融应用能力，将金融健康理念融入制度、产品、教育及消费者权益保护，共筑金融健康环境。